T0165996

Sologub • Die Teufelsschaukel

Ю. А.
1921.

Fedor Sologub

Die Teufelsschaukel

Gedichte Russisch – Deutsch

Übersetzt von Christoph Ferber
Mit einem Nachwort von Ulrich Schmid

Pano Verlag Zürich

Die Deutsche Bibliothek – CIP-Einheitsaufnahme

Fedor Sologub:
Die Teufelsschaukel :
Gedichte Russisch – Deutsch / Fedor Sologub.
Übers. von Christoph Ferber. – Zürich : Pano-Verl., 2002
     ISBN 3-907576-13-6

© 2002 by Pano Verlag Zürich
www.pano.ch und www.pano.de
Umschlagillustration und Frontispiz: Jurij Annenkov 1921
ISBN 3-907576-13-6

Inhaltsverzeichnis

Gedichte

В мечтанья погруженный,
По улице я шел.
Я был король влюбленный,
Пред мной стоял посол.

От милой королевы
Кольцо принес он в дар.
Привет любимой девы
Зажег во мне пожар.

И вот в мою столицу
Спешит уже она,
В парчу и в багряницу
Светло облечена.

От счастья мои щеки
Пылают горячо,
И вдруг удар жестокий
Я получил в плечо.

И голос грубый, строгий
Над ухом прогремел:
«Мальчишка босоногий!
Толкаться как ты смел!»

Как из лазури ясной
Я на землю упал,
И франт, от злости красный,
Мне уши натрепал.

С поникшей головою
Плетуся я вперед,
Мальчишки надо мною
Смеются из ворот.

30 мая 1879

Versenkt in Träume geh ich
Durch Strassen im Quartier.
Ich bin verliebt und König,
Ein Bote steht vor mir.

Ein Ringlein übersendet
Die holde Königin.
Der liebe Gruss entzündet
Mein Herz und meinen Sinn.

Zu mir ins Prunkgebäude
Der Hauptstadt eilt sie schon,
In Purpur und in Seide
Steht hell sie vor dem Thron.

Und meine Wangen glühen,
Sind heiss vor lauter Glück,
Da spür aufs Mal ich Hiebe
Auf Schulter und Genick.

Und eine strenge Stimme
Posaunt mir grob ins Ohr:
«Du gehst ja barfuss, Lümmel,
Du schlenderst wie ein Tor!»

Aus blauem Paradiese
Fall auf die Erde ich,
Da zieht ein Stutzer böse
Die Ohren mir zurecht.

Ich schlag die Augen nieder
Und trotte zahm nach Haus,
Da lachen mich schon wieder
Die Strassenjungen aus.

30. Mai 1879

Родился сын у бедняка.
В избу вошла старуха злая.
Тряслась костлявая рука,
Седые космы разбирая.

За повитухиной спиной
Старуха к мальчику тянулась
И вдруг уродливой рукой
Слегка щеки его коснулась.

Шепча невнятные слова,
Она ушла, стуча клюкою.
Никто не понял колдовства.
Прошли года своей чредою, –

Сбылось веленье тайных слов:
На свете встретил он печали,
А счастье, радость и любовь
От знака темного бежали.

15 декабря 1889

In einer Hütte ist ein Sohn
Geboren worden. Eine Alte
Stand zitternd auf der Schwelle schon,
Mit bösem Blick und dunkler Falte.

Zum Knaben ist sie vorgerückt
Hinter dem Rücken der Hebamme
Und hat die gelbe Hand gedrückt
Auf seine rosarote Wange.

Sie lallte, flüsterte dabei -
Und ging mit ihrem Stock von dannen,
Kein Mensch verstand die Zauberei,
Und viele Jahre sind vergangen,

Gezeichnet ward des Sohns Geschick:
Auf Erden fand er nichts als Leiden,
Und Freude, Frohsinn, Liebesglück
Entflohen vor dem finstren Zeichen.

15. Dezember 1889

Я слагал эти мерные звуки,
Чтобы голод души заглушить,
Чтоб сердечные вечные муки
В серебристых струях утопить,

Чтоб звучал, как напев соловьиный,
Твой чарующий голос, мечта,
Чтоб, спаленные долгой кручиной,
Улыбнулись хоть песней уста.

2 июля 1893

Diese Verse, ich trug sie zusammen,
Um des Herzens unendliche Qual,
Um den Hunger der Seele zu bannen,
Zu ertränken in silbernem Strahl.

Damit nachtigallgleich deine Stimme
Voller Zauber erklinge, o Traum,
Und damit meine trauernden Lippen
Wieder lächelnd die Erde beschaun.

2. Juli 1893

Мы устали преследовать цели,
На работу затрачивать силы, –
    Мы созрели
    Для могилы.

Отдадимся могиле без спора,
Как малютки своей колыбели, –
    Мы истлеем в ней скоро
    И без цели.

28 сентября 1894

Wir sind müde, ein Ziel zu erreichen,
Wir sind am Leben verzagt -
    Und wir reifen
    Für das Grab.

So wie Kinder der Wiege vertrauen,
Geben dem Grab wir uns hin -
    Und wir faulen
    Ohne Sinn.

28. September 1894

Мне страшный сон приснился,
Как будто я опять
На землю появился
И начал возрастать, –

И повторился снова
Земной ненужный строй
От детства голубого
До старости седой:

Я плакал и смеялся,
Играл и тосковал,
Бессильно порывался,
Беспомощно искал …

Мечтою облелеян,
Желал высоких дел, –
И, братьями осмеян,
Вновь проклял свой удел.

В страданиях усладу
Нашел я кое-как,
И мил больному взгляду
Стал замогильный мрак,

И, кончив путь далекий,
Я начал умирать, –
И слышу суд жестокий:
«Восстань, живи опять!»

12 декабря 1895

In bösem Traume hab ich
Gar Schreckliches gesehn:
In kühlem Grabe lag ich
Und musste auferstehn.

Und nutzlos hab begonnen
Zu leben ich erneut,
Von jugendlichen Wonnen
Zur grauen Alterszeit.

Ich weinte und ich spielte,
War traurig, hab gelacht -
Und war allein und fühlte
Mich hilflos, ohne Kraft.

Ich hab in meinen Träumen
Mich Hohem zugewandt -
Und hab, verhöhnt, verleumdet,
Mein Erdenlos verdammt.

Ich fand in Leid und Tücke
Geheime Süssigkeit,
Und lieb war meinem Blicke
Die Grabesdunkelheit.

Es loschen schon die Lichter,
Vollendet schien die Qual -
Da sprach der strenge Richter:
«Steh auf, leb noch einmal!»

12. Dezember 1895

Влачится жизнь моя в кругу
Ничтожных дел и впечатлений,
И в море вольных вдохновений
Не смею плыть – и не могу.

Стою на звучном берегу,
Где ропщут волны песнопений,
Где веют ветры всех стремлений,
И всё чего-то стерегу.

Быть может, станет предо мною,
Одетый пеною морскою,
Прекрасный гость из чудных стран,

И я услышу речь живую
Про всё, о чем я здесь тоскую,
Про всё, чем дивен океан.

10-12 июля 1896

Mein Leben dreht im Kreise sich
Von nichtigen und leeren Dingen,
Das Meer der Freiheit zu erringen,
Ich wag es und vermag es nicht.

Am Ufer steh und lausche ich:
Was will die Welle mir nur singen?
Was mir der Wind von ferne bringen?
Ich weiss, ich wart vergeblich nicht.

Vor meinen Augen wird er stehen,
Der Schaum des Meeres wird umwehen
Den Märchengast aus fernem Land.

Ich hör sein Wort – und ich verstehe,
Warum ich traurig, voller Wehe,
Warum mir lieb der Meeresstrand.

10.-12. Juli 1896

Я – бог таинственного мира,
Весь мир в одних моих мечтах.
Не сотворю себе кумира
Ни на земле, ни в небесах.

Моей божественной природы
Я не открою никому.
Тружусь, как раб, а для свободы
Зову я ночь, покой и тьму.

28 октября 1896

Ich bin der Gott geheimer Welten,
In Träumen sind sie alle mein,
Ich werd im Himmel wie auf Erden
Nie eines Götzen Diener sein.

Doch niemand werde ich verraten,
Dass ich von göttlicher Natur.
Ich leb - in Knechtschaft längst geraten -
In Stille, Nacht und Dunkel nur.

28. Oktober 1896

Ты печально мерцала
Между ярких подруг
И одна не вступала
В их пленительный круг.

Незаметная людям,
Ты открылась лишь мне,
И встречаться мы будем
В голубой тишине,

И, молчание ночи
Навсегда полюбя,
Я бессонные очи
Устремлю на тебя.

Ты без слов мне расскажешь,
Чем и как ты живешь,
И тоску мою свяжешь,
И печали сожжешь.

26 марта 1897

Du bist traurig erschienen
Vor der Freundinnen Kreis,
Doch du tratst nicht zu ihnen,
Bliebst alleine, verwaist.

Warst von niemand gesehen,
Hast nur mir dich enthüllt,
Und wir werden erstehen,
Wo uns Stille erfüllt.

Dort, auf nächtlichen Auen,
Richt ich fiebrig den Blick
Meiner schlaflosen Augen
Auf dein liebes Gesicht.

Du erzählst mir in Schweigen,
Wer du bist, wer ich bin,
Und zerstreust meine Leiden
Und erfreust meinen Sinn.

26. März 1897

Живы дети, только дети, –
Мы мертвы, давно мертвы.
Смерть шатается на свете
И махает, словно плетью,
Уплетенной туго сетью
Возле каждой головы.

Хоть и даст она отсрочку –
Год, неделю или ночь,
Но поставит всё же точку
И укатит в черной тачке,
Сотрясая в дикой скачке,
Из земного мира прочь.

Торопись дышать сильнее,
Жди – придет и твой черед.
Задыхайся, цепенея,
Леденея перед нею.
Срок пройдет – подставишь шею, –
Ночь, неделя или год.

15 апреля 1897

Nur die Kinder sind lebendig,
Wir sind tot, schon lange tot.
Mit den Händen winkt beständig
Und umgarnt uns flink und wendig
Wie ein Netz, das uns elendig
Einengt, der behende Tod.

Eine Frist soll er uns geben,
Eine Woche, einen Tag -
Und von dannen sich begeben,
Und sein Karren soll erbeben
Auf den finstren, rauhen Wegen,
Wenn ins Geisterreich er jagt.

Atme kräftig jetzt und harre -
Denn auch deine Stunde naht.
Und dein Atem wird erstarren,
Wenn er kommt mit seinem Karren,
Dich zu holen zum Verscharren,
Nach der Woche, nach dem Tag.

15. April 1897

В поле не видно ни зги.
Кто-то зовет: «Помоги!»
    Что я могу?
Сам я и беден и мал,
Сам я смертельно устал,
    Как помогу?

Кто-то зовет в тишине:
«Брат мой, приблизься ко мне!
    Легче вдвоем.
Если не сможем идти,
Вместе умрем на пути,
    Вместе умрем!»

18 мая 1897

Nichts ist im Felde zu sehn.
«Hilf mir doch!» ruft irgendwer.
      Was kann ich tun?
Selbst bin ich hilflos und klein,
Könnte selbst müder nicht sein.
      Wie helf ich nur?

«Bruder mein», ruft irgendwer,
«Nähere dich, komm doch her!
      Gehn wir zu zweit!
Wenn auch zu zweit es nicht geht,
Sterben wir zwei auf dem Weg,
      Sterben wir zwei!»

18. Mai 1897

Окно ночное

Весь дом покоен, и лишь одно
Окно ночное озарено.

То не лампадный отрадный свет:
Там нет отрады, и сна там нет.

Больной, быть может, проснулся вдруг,
И слова гложет его недуг.

Или, разлуке обречена,
В жестоких муках не спит жена.

Иль, смерть по воле готов призвать,
Бедняк бездольный не смеет спать.

Над милым прахом, быть может, мать
В тоске и страхе пришла рыдать.

Иль скорбь иная зажгла огни.
О злая, злая! к чему они?

3 августа 1898

Nächtliches Fenster

Im Haus ist's still, und nur dort allein
Ein nächtliches Fenster in hellem Schein.

Kein Lämpchen ist's vor dem Heiligenbild,
Das freudig glimmte, beruhigend mild.

Mag sein, ein Kranker, vom Leid erwacht,
Quält sich und wälzt sich tief in der Nacht.

Oder getroffen vom Trennungsschmerz
Liegt eine Frau dort mit wehem Herz.

Oder es sucht dort ein Armer den Tod,
Entmutigt, verlassen, in bitterer Not.

Die liebe Asche, mag sie es wohl sein,
Warum eine Mutter so schluchzt und weint.

O welch eine Trauer es immer ist,
Bös ist sie, böse! O Licht, erlisch!

3. August 1898

Вот минута прощальная
До последнего дня …
Для того ли, печальная,
Ты любила меня?

Для того ли украдкою,
При холодной луне,
Ты походкою шаткою
Приходила ко мне?

Для того ли скиталася
Ты повсюду за мной,
И ночей дожидалася
С их немой тишиной?

И опять, светлоокая,
Ты бледна и грустна,
Как луна одинокая,
Как больная луна.

27 августа 1898

Und der Abschied ist wehmutsvoll,
Und die Nacht schimmert trüb ...
Warum hast du mich demutsvoll
So in Trauer geliebt?

Warum kamst im geheimen du
Zagen Schrittes zu mir,
Ja was wolltest beim Scheinen du
Kalten Mondlichts von mir?

Warum bist du auch immer mir,
Mir auch immer gefolgt,
War der nächtliche Schimmer dir,
War die Stille dir hold?

Und ich sehe dich bleicher nun,
Hast alleine gebangt,
Wie der Mond bist du einsam nun,
Wie der Mond bist du krank.

27. August 1898

На улицах пусто и тихо,
И окна, и двери закрыты.
Со мною – безумное Лихо,
И нет от него мне защиты.

Оградой железной и медной
Замкнулся от нищих богатый.
Я – странник унылый и бледный,
А Лихо – мой верный вожатый.

И с ним я расстаться не смею.
На улицах пусто и тихо.
Пойдем же дорогой своею,
Косматое, дикое Лихо!

29 августа 1898

Die Strassen sind öde und leer
Die Fenster, die Türen sind zu.
Mit mir geht der Böse einher,
Ich finde vor ihm keine Ruh.

Vor Bettlern hat sich verschlossen
Der Reiche in seinem Revier.
Ich ziehe mit meinem Genossen,
Dem Bösen, müde einher.

Die Strassen sind öde und leer.
Ich wag mich von ihm nicht zu lösen.
Ich geh mit ihm ruhig einher,
Dem wilden und zottigen Bösen.

29. August 1898

Я напрасно хочу не любить, –
И, природе покорствуя страстной,
Не могу не любить,
Не томиться мечтою напрасной.

Чуть могу любоваться тобой
И сказать тебе слова не смею,
Но расстаться с тобой
Не хочу, не могу, не умею.

А настанут жестокие дни,
Ты уйдешь от меня без возврата.
О, зачем же вы, дни!
За утратой иная утрата.

16 сентября 1898

Ich versuche umsonst, nicht zu lieben –
Doch getreu einer finsteren Laune
    Muss ich immerzu lieben
Und mich quälen in nutzlosem Traume.

Und ich möcht gern verweilen bei dir,
Möchte sprechen mit dir, aber wag's nicht,
    Doch mich trennen von dir,
Nein, ich will's nicht, ich kann's nicht,
           ich mag's nicht.

Und es kommen die schrecklichen Tage,
Wo für immer du fortgehen musst.
    Ach, warum diese Tage!
Auf Verlust folgt nur neuer Verlust.

16. September 1898

Звезда Маир

1

Звезда Маир сияет надо мною,
    Звезда Маир,
И озарен прекрасною звездою
    Далекий мир.

Земля Ойле плывет в волнах эфира,
    Земля Ойле,
И ясен свет блистающий Маира
    На той земле.

Река Лигой в стране любви и мира,
    Река Лигой
Колеблет тихо ясный лик Маира
    Своей волной.

Бряцанье лир, цветов благоуханье,
    Бряцанье лир
И песни жен слились в одно дыханье,
    Хваля Маир.

15 сентября 1898

Der Stern Mair

1

Der Stern Mair steht strahlend über mir,
    Der Stern Mair,
Und durch des Sternes Leuchten wird erhellt
    Die ferne Welt.

Das Land Ojlé durchschwebt das Sternenmeer,
    Das Land Ojlé,
Und Strahlen des Mair erhellen sanft
    Das ferne Land.

Durchs Land der Liebe zieht sich still Ligój,
    Der Fluss Ligój,
Und hell in seinen Wogen spiegelt sich
    Mairs Gesicht.

Der Lyra Klang, der Frauen Lobgesang,
    Der Lyra Klang,
Lobpreist mit Blütenduft und Blumenzier
    Den Stern Mair.

15. September 1898

2

На Ойле далекой и прекрасной
Вся любовь и вся душа моя.
На Ойле далекой и прекрасной
Песней сладкогласной и согласной
Славит всё блаженство бытия.

Там, в сияньи ясного Маира,
Всё цветет, всё радостно поет.
Там, в сияньи ясного Маира,
В колыханьи светлого эфира,
Мир иной таинственно живет.

Тихий берег синего Лигоя
Весь в цветах нездешней красоты.
Тихий берег синего Лигоя –
Вечный мир блажнества и покоя,
Вечный мир свершившейся мечты.

22 сентября 1898

2

Auf Ojlé, dem schönen, fernen Lande,
Wohnt die Liebe, wohnt die Seele mein.
Auf Ojlé, dem schönen, fernen Lande,
Lobt mit hellem, klingendem Gesange
Alles die Glückseligkeit des Seins.

Dort, im Scheine des Mair, des Sternes,
Blüht von zarten Blüten bunt das Feld.
Dort, im Scheine des Mair, des Sternes,
Schwebt in endlos-nebelhafter Ferne
Eine andere, geheimnisvolle Welt.

Und das Ufer des Ligój, des blauen,
Säumt ein farbenfroher Blumensaum.
Und das Ufer des Ligój, des blauen,
Ist die Welt der Liebe, des Vertrauens,
Ist die Welt des wahrgewordnen Traums.

22. September 1898

3

Всё, чего нам зсесь недоставало,
Всё, о чем тужила грешная земля,
Расцвело на вас и засияло,
О Лигойские блаженные поля!

Мир земной вражда заполонила,
Бедный мир земной в унынье погружен,
Нам отрадна тихая могила
И подобный смерти, долгий, темный сон.

Но Лигой струится и трепещет,
И благоухают чудные цветы,
И Маир безгрешный тихо блещет
Над блаженным краем вечной красоты.

23 сентября 1898

3

    Alles, was uns fehlte hier auf Erden,
Was auf Erden wir beweinten voller Reu,
    Ist erblüht auf euch, ihr seligen Felder,
Ist erstrahlt auf euch, o Felder des Ligój.

    Feinde waren uns die Welt, das Leben,
Trauer hüllte uns auf Erden Tag für Tag,
    Freunde wurden uns die stillen Gräber
Und der todesgleiche, lange, dunkle Schlaf.

    Und Ligój, er zieht sich zitternd weiter
Durch der Blumenbeete duftend-buntes Band,
    Und Mair, er schimmert sündlos-heiter
Auf Ojlé, das selig, ewig schöne Land.

23. September 1898

4

Мой прах истлеет понемногу,
Истлеет он в сырой земле,
А я меж звезд найду дорогу
К иной стране, к моей Ойле.

Я всё земное позабуду,
И там я буду не чужой, –
Доверюсь я иному чуду,
Как обычайности земной.

22 сентября 1898

4

Mein Körper fault in grauer Erde,
In grauer Erde modert er,
Und finden werd ich zwischen Sternen
Ein andres Land, mein Land Ojlé.

Die Welt vergessen werd ich ewig,
Denn einzig dort bin ich daheim –
Und andrem Zauber glauben werd ich,
Wie ich geglaubt dem Erdensein.

22. September 1898

5

Мы скоро с тобою
Умрем на земле, –
Мы вместе с тобою
Уйдем на Ойле.

Под ясным Маиром
Узнаем мы вновь,
Под светлым Маиром
Святую любовь.

И всё, что скрывает
Ревниво наш мир,
Что солнце скрывает,
Покажет Маир.

22 сентября 1898

5

Bald sterben wir beide,
Vom Tod wir erstehn –
Dann werden wir beide
Ojlé vor uns sehn.

Der helle Mair bringt
Uns Liebe zurück,
Der helle Mair bringt
Uns heiliges Glück.

Was immer die Sonne
Vor dir und vor mir
Verhüllt, wird in Wonne
Uns zeigen Mair.

22. September 1898

6

Бесстрастен свет с Маира,
Безгрешен взор у жен, –
В сиянии с Маира
Великий праздник мира
Отрадой окружен.

Далекая отрада
Близка душе моей, –
Ойле, твоя отрада –
Незримая отрада
От суетных страстей.

10 января 1901

6

Mair erschimmert leise
Vor Blicken, sündlos-rein,
Von Frauen, die im Kreise
Mit Sang und froher Weise
Am hohen Fest sich freun.

Du hast, o ferne Freude,
Die Seele uns beglückt –
Ojlé, ja deine Freude
Hat unsichtbar uns beide
Der eitlen Welt entrückt.

10. Januar 1901

Дни за днями …
Боже мой!
Для чего же
Я живой?

Дни за днями …
Меркнет свет.
Отчего ж я
Не отпет?

Дни за днями …
Что за стыд!
Отчего ж я
Не зарыт?

Поп с кадилом,
Ты-то что-ж
Над могилой
Не поешь?

Что же душу
Не влачат
Злые черти
В черный ад?

26 сентября 1898

Tag und Tage
Gehn vorbei.
Warum bin ich
Noch dabei?

Tag und Tage
Bin ich krank.
Doch warum nicht
Abgedankt?

Ach, warum denn
Bin ich noch
– Welche Schande! –
Nicht verlocht?

Gott, warum,
Dir sei's geklagt,
Singt der Pope
Nicht am Grab?

Warum schleppen
Teufel nicht
Meine Seele
Vor Gericht?

26. September 1898

Опять сияние в лампаде,
Но не могу склонить колен.
Ликует Бог в надзвездном граде,
А мой удел — унылый плен.

С иконы темной безучастно
Глаза суровые глядят.
Открыт молитвенник напрасно:
Молитвы древние молчат, —

И пожелтелые страницы,
Заветы строгие храня,
Как безнадежные гробницы,
Уже не смотрят на меня.

1 октября 1898

Und wieder leuchtet mir das Lämpchen,
Jedoch zum Knien fehlt mir die Kraft.
Und Gottes Macht ist ohne Ende,
Doch mein Geschick ist bittre Haft.

Aus finsterer Ikone schauen
Zwei Augen stumm auf mich herab.
Doch mein Gebetbuch liegt im Staube,
Die Psalmen schweigen wie ein Grab.

Und die vergilbten, alten Seiten,
Wo festgehalten das Gebot,
Was sollten sie mir noch bedeuten? –
Sie sind für mich schon lange tot.

1. Oktober 1898

Пришли уставленные сроки,
И снова я, как раб, иду
Свершать ненужные уроки,
Плодить пустую меледу.

Потом унылый вечер будет,
И как мне милый труд свершить,
Когда мечты мои остудит
Всё, что придется пережить!

Потом полночные печали
Придут с безумною тоской
И развернут немые дали,
Где безнадежность и покой.

2 октября 1898

Schon wieder ruft die Arbeit mich,
Und wie ein Sklave geh ich hin
Und halte meinen Unterricht
Und lehre Sachen ohne Sinn.

Und dann, wenn Abend es geworden,
Schrieb ich so gerne ein Gedicht,
Doch der Gedanke an das Morgen
Macht meine Träumerein zunicht.

Und nächtlich kommt die Trauer wieder
Mit wilder Wehmut auf mich zu,
Und aus der Ferne hör ich Lieder
Voll Hoffnungslosigkeit und Ruh.

2. Oktober 1898

Давно мне голос твой невнятен,
И образ твой в мечтах поблек.
Или приход твой невозвратен
И я навеки одинок?

И был ли ты в моей пустыне,
Иль призрак лживый, мой же сон,
В укор неправедной гордыне
Врагом безликим вознесен?

Кто б ни был ты, явись мне снова,
Затми томительные дни,
И мрак безумия земного
Хоть перед смертью осени.

12 октября 1899

Dein Antlitz seh ich noch verschwommen,
Seit langem deine Stimme schweigt.
Wirst du denn niemals wiederkommen.
Bin einsam ich in Ewigkeit?

Doch weiss ich, ob es du gewesen,
Der in der Wüste mich besucht?
Hat nicht ein Traumgesicht des Bösen
In meinem Hochmut mich versucht?

Wer immer du auch warst, erscheine
Vor meinem Tod mir noch einmal
Und deinen finstren Schatten breite
Über der Erde Wahn und Qual.

12. Oktober 1899

Порой повеет запах странный, –
Его причины не понять, –
Давно померкший, день туманный
Переживается опять.

Как встарь, опять печально всходишь
На обветшалое крыльцо,
Засов скрипучий вновь отводишь,
Вращая ржавое кольцо, –

И видишь тесные покои,
Где половицы чуть скрипят,
Где отсырелые обои
В углах тихонько шелестят,

Где скучный маятник маячит,
Внимая скучным, злым речам,
Где кто-то молится да плачет,
Так долго плачет по ночам.

5 октября 1898 - 10 февраля 1900

Bisweilen weht ein Duft voll Zauber,
Und seine Herkunft kennst du nicht –
Der Tag, den du vergangen glaubtest,
Noch einmal wiederholt er sich.

Wie früher steigst du traurig wieder
Die grauen Stufen still empor,
Die schwere Klinke drückst du nieder,
Und schaurig quietscht das alte Tor.

Und du erblickst die engen Zimmer,
Wo laut es knistert im Gebälk,
Wo die Tapeten gräulich schimmern
Und leise rascheln, feucht und welk.

Wo Pendeluhren einsam pendeln,
Wo bös gelästert wird, gelacht,
Wo jemand hin und her sich wendet
Und weint und betet in der Nacht.

5. Oktober 1898 - 10. Februar 1900

Я воскресенья не хочу,
И мне совсем не надо рая, –
Не опечалюсь, умирая,
И никуда я не взлечу.

И погашу мои светила,
Я затворю уста мои,
И в несказанном бытии
Навек забуду всё, что было.

25 июня 1900

Für mich gibt es kein Auferstehn,
Das Paradies, ich will es nicht –
Ich sterbe ohne Trauer, schlicht,
Und werd dem Nichts entgegengehn.

Erlöschen wird mein Augenpaar,
Verstummen wird mein Mund. Allein
In dunkel-unsagbarem Sein
Vergess ich ewig das, was war.

25. Juni 1900

Слышу голос милой,
Вижу милый лик.
Не моей ли силой
Милый лик возник?

Разве есть иное?
В тишине долин
Мы с тобой не двое, –
Я с тобой один.

Мне ль цветком измятым
К нежной груди льнуть!
Сладким ароматом
Мне, как прежде, будь.

25 июня 1900

Meiner Liebsten Stimme,
Ihren lieben Blick,
Hab aus süssem Schlummer
Liebend ich erweckt.

In des Tales Stille
Gibt's nur dich und mich.
Wir sind eins – ein Wille
Eint uns, ein Geschick.

Läg als welke Blüte
Ich an deiner Brust!
Wärst du mir wie früher
Süsser Blütenduft!

25. Juni 1900

Ангел благого молчания

Грудь ли томится от зною,
Страшно ль смятение вьюг, –
Только бы ты был со мною,
Сладкий и радостный друг.

Ангел благого молчанья,
Тихий смиритель страстей,
Нет ни венца, ни сиянья
Над головою твоей.

Кротко потуплены очи,
Стан твой окутала мгла,
Тонкою влагою ночи
Веют два легких крыла.

Реешь над дольным пределом
Ты без меча, без луча, –
Только на поясе белом
Два золотые ключа.

Друг неизменный и нежный,
Тенью прохладною крыл
Век мой безумно-мятежный
Ты от толпы заслонил.

В тяжкие дни утомленья,
В ночи бессильных тревог
Ты отклонил помышленья
От недоступных дорог.

2-3 декабря 1900

Engel des seligen Schweigens

Quälen mich Hitze und Flammen,
Ist mir das Schneetreiben Feind,
Wünsch ich, wir wären beisammen,
Lieber und fröhlicher Freund.

Engel des seligen Schweigens,
Löschest der Leidenschaft Brand,
Trägst weder Kranz noch Geschmeide,
Glanzlos sind Haupt und Gewand.

Demütig senkst du die Augen,
Nebel umhüllen dich grau,
Nur deine Flügel erschaudern,
Feucht noch vom nächtlichen Tau.

Schwebst über irdische Weiten,
Du, ohne Schwert und Gefolg –
Einzig am Gürtel, dem weissen,
Hängen zwei Schlüssel aus Gold.

Stets habe, Freund, ich im Schatten
Deiner zwei Flügel gewohnt:
So hast, Getreuer, mein Dasein
Du von der Menge verschont.

Drückte bei Tag mich das Leben,
Habe ich nachts mich verdammt,
Hast vor verbotenen Wegen
Du meinen Sinn abgewandt.

2.-3. Dezember 1900

Любовью легкою играя,
Мы обрели блаженный край.
Вкусили мы веселье рая,
Сладчайшего, чем Божий рай.

Лаская тоненькие руки
И ноги милые твои,
Я изнывал от сладкой муки,
Какой не знали соловьи.

С тобою на лугу несмятом
Целуяся в тени берез,
Я упивался ароматом,
Влагоуханней алых роз.

Резвей веселого ребенка,
С невинной нежностью очей,
Ты лепетала звонко, звонко,
Как не лепечет и ручей.

Любовью легкою играя,
Вошли мы только в первый рай:
То не вино текло играя,
То пена била через край.

И два глубокие бокала
Из тонко-звонкого стекла
Ты к светлой чаше подставляла
И пеню сладкую лила,

Лила, лила, лила, качала
Два тельно-алые стекла.
Белей лилей, алее лала
Бела была ты и ала.

Mit leichter Liebe leise spielend,
Sind wir in lichtes Land gelangt.
Es lächelten uns Paradiese,
Viel lieblicher als Gottes Land.

Und deine zarte Hand zu küssen
Und deine Füsse samten-weich,
War mir der liebste der Genüsse,
War Mühe, süsseste, zugleich.

Und ich liebkoste unter Birken
Im Gras dein rosiges Gesicht,
Und rote Rosen, sie verwirrten
Mit Rosendüften dich und mich.

Mit unschuldvollem Blick der Augen,
Lebendig, froh und wie ein Kind
Begannst du wonniglich zu lallen –
Ein Bächlein, silberhell, geschwind.

Mit leichter Liebe leise spielend,
Gelangten wir in lichtes Land,
Und heller Wein ergoss sich spielend
Und schäumend über Bechers Rand.

Zwei tiefe Kelche, schimmernd, schillernd,
Aus singend-klingendem Kristall,
Sah ich mit hellem Wein dich füllen,
Der perlend fiel in leichtem Fall.

Er fiel und fiel, liebkoste fallend,
Zwei lichte Gläser, rosig-bleich,
Wie Lilien weiss, licht wie Kristalle,
Warst weiss und rosig du zugleich.

И в звонах ласково-кристальных
Отраву сладкую тая,
Была милее дев лобзальных
Ты, смерть отрадная моя!

3 июля 1901

Mit deinen lieblich-hellen Tönen,
Worin sich süsses Gift mir bot,
Warst du mir lieber als die Schönen,
Mein Tröster, wonnevoller Tod!

3. Juli 1901

Ты в стране недостижимой,
Я в больной долине слов.
Друг, томительно любимый,
Слышу звук твоих шагов.

Содрогаясь, внемлю речи,
Вижу блеск твоих очей, –
Вледный призрак дивной встречи,
Привидение речей.

Расторгают евмениды
Между нами все пути.
Я – изгнанник, все обиды
Должен я перенести.

Жизнью скучной и нелепой
Надо медленно мне жить,
Не роптатъ на рок свирепый
И о тайном ворожить.

12 августа 1901

Du – im Land der lichten Ferne,
Träumend ich im Jammertal.
Und ich quäl mich, hab dich gerne,
Hör dein Schreiten überall.

Lausche zitternd deinen Worten,
Seh das Leuchten deines Blicks –
Und ich suche allerorten
Nach Gespenstern unseres Glücks.

Treu dem Spruch der Eumeniden
Muss ich andere Wege gehn
Und getrennt von dir, vertrieben,
Schmach und Kränkung überstehn.

Nichtig, öde ist mein Leben,
Ohne Tröstung, ohne Sinn.
Soll ich murrend mich erheben?
Nein! Ich hexe vor mich hin.

12. August 1901

Жизнь проходит в легких грезах,
Вся природа – тихий бред,
И не слышно об угрозах,
И не видно в мире бед.

Успокоенное море
Тихо плещет о песок.
Позабылось в мире горе,
Страсть погибла, и порок.

Век людской и тих, и долог
В безмятежной тишине,
Но – зачем откинуть полог,
Если въявь как и во сне?

15 августа 1901

Unser Leben ist ein Traum nur,
Die Natur ein Truggesicht,
Und wir wissen nichts von Armut,
Und wir kennen Trauer nicht.

Ewig plätschern junge Wellen
An den hellen Ufersand.
Angst und Kummer sind uns ferne,
Lust und Laster unbekannt.

Unser Lebenslos folgt leise
Seiner friedlich-schlichten Bahn.
Ach, lass uns im Traum verweilen,
Ist doch Wachsein auch nur Wahn!

15. August 1901

Никто не убивал,
Он тихо умер сам, –
Он бледен был и мал,
Но рвался к небесам.

А небо далеко,
И даже – неба нет.
Пойми – и жить легко, –
Ведь тут же, с нами, свет.

Огнем горит эфир,
И ярки наши дни, –
Для ночи знает мир
Внезапные огни.

Но он любил мечтать
О пресвятой звезде,
Какой не отыскать
Нигде – увы! – нигде!

Дороги к небесам
Он отыскать не мог,
И тихо умер сам,
Но умер он, как бог.

21 апреля 1902

Man tötete ihn nicht,
Er starb allein und schlicht –
Doch strebte schwach und bleich
Er hin zum Himmelreich.

Das Himmelreich ist fern.
Versteh's – und lebe gern.
Den Himmel gibt es nicht,
Auch hier bei uns brennt Licht.

Der Erdentag glüht froh,
Der Äther lichterloh –
Die Welt kennt für die Nacht
Der Feuer jähe Pracht.

Doch träumend sah er gern
Vor sich den Himmelsstern
In wunderhellem Schein.
Doch fand er ihn? – O nein!

Den Weg ins Himmelslicht
Fand er auf Erden nicht.
Doch still und ohne Not
Starb er den Göttertod.

21. April 1902

Я живу в темной пещере,
Я не вижу белых ночей.
В моей надежде, в моей вере
Нет сиянья, нет лучей.

Ход к пещере никем не иден,
И не то ль защита от меча!
Вход в пещеру чуть виден,
И предо мною горит свеча.

В моей пещере тесно и сыро,
И нечем ее согреть.
Далекий от земного мира,
Я должен здесь умереть.

16 июня 1902

Ich wohne in dunkler Höhle,
Ich seh keine helle Nacht.
Keine Hoffnung für die Seele,
Kein Sonnenstrahl, der lacht.

Zur Höhle wird niemand gehen,
Kein Räuber versteckt sich hier,
Den Eingang kann man nicht sehen,
Und es brennt eine Kerze vor mir.

In meiner Höhle gibt's keine Wärme,
Nur Enge und Verderben.
Von Welt und Menschen ferne
Muss ich hier sterben.

16. Juni 1902

Змий, царящий над вселенною,
Весь в огне, безумно-злой,
Я хвалю тебя смиренною,
Дерзновенною хулой.

Из болотной топкой сырости
Повелел, губитель, ты
Деревам и травам вырасти,
Вывел листья и цветы.

И ползущих и летающих
Ты воззвал на краткий срок.
Сознающих и желающих
Тяжкой жизни ты обрек.

Тучи зыблешь ты летучие,
Ветры гонишь вдоль земли,
Чтоб твои лобзанья жгучие
Раньше срока не сожгли.

Неотменны повеления,
Нет пощады у тебя,
Ты царишь, презрев моления,
Не любя и все губя.

18 июля 1902

Schlange, stolze Weltbeherrscherin,
Ganz in Flammen, ewig bös,
Ich lobpreise, ich verwerfe dich,
Du bist gnadenlos, monströs.

Aus dem Sumpf hast du, Verderberin,
Wachsen lassen Strauch und Kraut,
Spriessen lässt du aus der Erde tief
Bäume, Blüten, Blätter, Laub.

Und die Kriechenden und Fliegenden
Hast gerufen du an Land,
Die Erkennenden und Liebenden
Hast zu Mühsal du verdammt.

Wolken schaukelst in den Lüften du,
Winde wehst du übers Feld,
Dass mit deinen heissen Küssen du
Nicht zu früh versengst die Welt.

Du beharrst auf deinen Weisungen,
Und Erbarmen kennst du nicht,
Du verachtest unsre Preisungen,
Lieblos machst du uns zunicht.

18. Juli 1902

По тем дорогам, где ходят люди,
В часы раздумья не ходи, –
Весь воздух выпьют людские груди,
Проснется страх в твоей груди.

Оставь селенья, иди далёко,
Или создай пустынный край
И там безмолвно и одиноко
Живи, мечтай и умирай.

18-19 июня 1902

Geh nicht durch vielbegangne Strassen,
In Stunden, da du träumen willst –
Die Leute lassen dich nicht atmen,
Von Angst ist deine Brust erfüllt.

Verlass die Dörfer, such die Weiten,
In Wildnis setze dich zur Ruh,
Und dort, in Einsamkeit und Schweigen,
Sollst leben, träumen, sterben du.

18.-19. Juni 1902

Она безумная и злая,
Но хочет ласки и любви,
И сладострастие, пылая,
Течет, как яд, в ее крови.

На вид она совсем старуха,
Она согбенна и седа,
Но наущенья злого духа
Царят над нею навсегда.

Не презирай ее морщины,
Ее лобзаний не беги, –
Она посланница Судьбины.
Бессильны все ее враги.

18 июля 1902

Sie ist voll Bosheit, voller Trug,
Doch will geliebt sie werden,
Und Leidenschaft entflammt ihr Blut,
Stürzt alle ins Verderben.

Sie ist schon alt, sie ist schon grau,
Sie geht gebeugt dahin,
Der Teufel hat mit dieser Frau
Viel Böses noch im Sinn.

Verachte ihre Falten nicht
Und lass sie dich umarmen –
Sie ist der Bote des Geschicks.
Sie wird sich nie erbarmen.

18. Juli 1902

Когда я в бурном море плавал
И мой корабль пошел ко дну,
Я так воззвал: «Отец мой, Дьявол,
Спаси, помилуй, - я тону.

Не дай погибнуть раньше срока
Душе озлобленной моей, –
Я власти темного порока
Отдам остаток черных дней.»

И Дьявол взял меня и бросил
В полуистлевшую ладью.
Я там нашел и пару весел,
И серый парус, и скамью.

И вынес я опять на сушу,
В больное, злое житие,
Мою отверженную душу
И тело грешное мое.

И верен я, отец мой Дьявол,
Обету, данному в злой час,
Когда я в бурном море плавал
И ты меня из бездны спас.

Тебя, отец мой, я прославлю
В укор неправедному дню,
Хулу над миром я восставлю,
И соблазняя соблазню.

23 июля 1902

Als ich auf dem stürmischen Meere fuhr,
Und unser Schiff ein Leck bekam,
Da rief ich: «Vater Teufel, du,
Ich sink. Hab Mitleid, hör mich an!

O lass nicht vor der Zeit ersterben
Die Seele, die erboste mein –
Den dunklen Mächten, dem Verderben,
Will ich den Rest der Tage weihn.»

Der Teufel warf mit wüstem Fluch
An fernes Ufer mich, wo's stank.
Dort fand ich Mast und Segeltuch,
Zwei Ruder und die Steuerbank.

Ans Festland schleppte ich dann wieder
Ins kranke, böse Erdensein,
Die sündigen, geschwächten Glieder,
Die Seele, die verschmähte mein.

Und, Teufel, treu bin ich dem Schwur,
Den ich in böser Stund gemacht,
Als ich auf stürmischem Meere fuhr
Und du mich nahmst in deine Macht.

Dich, Vater, will ich ewig rühmen,
Mein ist nun Rache und Vergelt,
Verfluchen werd ich – und verführend
Verführe ich die ganze Welt.

23. Juli 1902

Я любви к тебе не знаю,
Злой и мстительный Дракон,
Но, склоняясь, исполняю
Твой незыблемый закон.

Я облекся знойным телом,
Зной лучей твоих во мне.
Раскален в каленьи белом,
В красном часто я огне.

11 марта 1904

Ich kenn keine Liebe für dich,
Böser und gieriger Drache,
Doch, mich beugend, erfüll ich
Das Gesetz deiner Rache.

Gehüllt in dein Feuergewand,
Ewiger Strahlenerzeuger,
Glüh ich von Weissglut entbrannt
Und brenne in rotem Feuer.

11. März 1904

Люби меня ясно, как любит заря,
Жемчуг рассыпая и смехом горя.
Обрадуй надеждой и легкой мечтой
И тихо погасни за мглистой чертой.

Люби меня тихо, как любит луна,
Сияя бесстрастно, ясна, холодна.
Волшебством и тайной мой мир освети, –
Помедлим с тобою на темном пути.

Люби меня просто, как любит ручей,
Звеня и целуя, и мой и ничей.
Прильни и отдайся, и дальше беги.
Разлюбишь, забудешь – не бойся, не лги.

14 июля 1904
Сиверская

O liebe mich hell, wie das Morgenrot liebt,
Das Perlen verstreuend die Berge umglüht,
Erfreu mich mit Hoffnung, mit lieblichem Traum,
Und leise erlösche im nebligen Raum.

O liebe mich leis, wie der Mond uns nur liebt,
Der leidenschaftslos durch die Dämmerung zieht,
Mit Anmut und Zauber erfüll meine Welt –
Und wandle mit mir, bis der Tag uns erhellt.

O liebe mich einfach, wie's Bächlein nur liebt,
Das trillert und trällert und wellend sich wiegt,
Gib rauschend dich hin, ohne Angst, ohne Wehr,
Und rausche vorüber - und lieb mich nicht mehr.

14. Juli 1904
Siverskaja

Наивно верю временам,
Покорно предаюсь пространствам, –
Земным изменчивым убранствам
И беспредельным небесам.

Хочу конца, ищу начала,
Предвижу роковой предел, –
Противоречий я хотел,
Мечта владычицею стала.

В жемчуги, злато и виссон,
Прелестница безумно-злая,
Она рядит, не уставая,
Земной таинственный мой сон.

21 октября 1904

Den Zeiten glaube ich naiv,
Gefügig geb ich mich den Weiten,
Den trügerischen Erdenfreuden,
Den Himmeln hehr und endlos tief.

Ich such den Anfang, will das Ende,
Die hohe Grenze des Geschicks,
Den Widerspruch des Augenblicks –
Gebieter Traum reich ich die Hände.

In Perlmutt-, Gold- und Silberschein
Hüllt er verlockend, unermüdlich,
Was mir geheimnisvoll und lieblich,
Was mich entrückt dem Erdensein.

21. Oktober 1904

Два солнца горят в небесах,
Посменно возносятся лики
Благого и злого владыки,
То радость ликует, то страх.
Дракон сожигающий, дикий,
И Гелиос, светом великий, –
Два солнца в моих небесах.

Внимайте зловещему крику, –
Верховный идет судия.
Венчайте благого владыку,
Сражайтесь с драконом, друзья.

30 декабря 1904

Zwei Sonnen erstrahlen am Himmel,
Zwei Herrscher im Flammengesicht,
Bald selig, in blendendem Licht,
Bald böse, in schaurigem Schimmer.
Der Drache, der alles versengt,
Und Helios, der glühend entbrennt –
Zwei Sonnen durchziehn meinen Himmel.

Ein Schrei voller Drohung ertönt –
Der oberste Richter, er richtet.
Den seligen Herrscher bekrönt!
Den Drachen bekämpft und vernichtet!

30. Dezember 1904

Мы – плененные звери,
Голосим, как умеем.
Глухо заперты двери,
Мы открыть их не смеем.

Если сердце преданиям верно,
Утешаясь лаем, мы лаем.
Что в зверинце зловонно и скверно,
Мы забыли давно, мы не знаем.

К повторениям сердце привычно, –
Однозвучно и скучно кукуем.
Всё в зверинце безлично, обычно,
Мы о воле давно не тоскуем.

Мы – плененные звери,
Голосим, как умеем.
Глухо заперты двери,
Мы открыть их не смеем.

24 февраля 1905

Wir sind gefangene Tiere,
Wir brüllen und wir schreien.
Verriegelt sind die Türen,
Wir können uns nicht befreien.

Wir erinnern uns uralter Sagen,
Doch wir brüllen, verstehen sie nicht.
Dass im Käfig, wo's stinkt, wir begraben,
Ist vergessen, wir wissen es nicht.

Wir sind an die Öde gewöhnt,
An den Käfig, der düster und leer,
An das Brüllen, das ständig ertönt,
Und wir kennen die Freiheit nicht mehr.

Wir sind gefangene Tiere,
Wir brüllen und wir schreien.
Verriegelt sind die Türen,
Wir können uns nicht befreien.

24. Februar 1905

Высока луна Господня.
    Тяжко мне.
Истомилась я сегодня
    В тишине.

Ни одна вокруг не лает
    Из подруг.
Скучно, страшно, замирает
    Всё вокруг.

В ясных улицах так пусто,
    Так мертво.
Не слыхать шагов, ни хруста,
    Ничего.

Землю нюхая в тревоге,
    Жду я бед.
Слабо пахнет по дороге
    Чей-то след.

Никого нигде не будит
    Быстрый шаг.
Жданный путник, кто ж он будет –
    Друг иль враг?

Под холодною луною
    Я одна.
Нет, невмочь мне, – я завою
    У окна.

Высока луна Господня,
    Высока.
Грусть томит меня сегодня
    И тоска.

Hoch steht heut der Mond.
    Schwer ist mir.
Tiefe Stille wohnt
    Im Revier.

Meine Schwestern ruhn,
    Keine bellt.
Schrecklich ist es nun
    In der Welt.

Auf den Strassen ist's
    Tot und leer.
Keine Schritte, nichts
    Gibt es mehr.

Schnuppern immerzu,
    Was soll das?
Riechen eine Spur
    Wär schon was!

Niemand kommt hierher,
    Keine Spur!
Doch, vielleicht kommt wer.
    Komm er nur!

Ganz allein bin ich
    Unterm Mond.
Und ich jaul für mich
    Wie gewohnt.

Hoch steht heut der Mond,
    hoch steht er.
Trauer in mir wohnt,
    Mir ist schwer.

Просыпайтесь, нарушайте
    Тишину.
Сестры, сестры! Войте, лайте
    На луну!

февраль 1905

Schwestern, wachet auf
    Im Revier.
Auf, zum Mond hinauf
    Bellen wir!

Februar 1905

В день воскресения Христова
Иду на кладбище, – и там
Раскрыты склепы, чтобы снова
Сияло солнце мертвецам.

Но никнут гробы, в тьме всесильной
Своих покойников храня,
И воздымают смрад могильный
В святыню праздничного дня.

Глазеют маленькие дети,
Держась за край решетки злой,
На то, как тихи гробы эти
Под их тяжелой пеленой.

Томительно молчит могила.
Раскрыт напрасно смрадный склеп, –
И мертвый лик Эммануила
Опять ужасен и нелеп.

17 апреля 1905

Am Tag der Auferstehung Christi
Geh eilig auf den Friedhof ich,
Geöffnet find ich dort die Grüfte,
Den Toten leuchtet Sonnenlicht.

Doch aus dem Innern jedes Grabes,
Wo einst der Sarg auf Erde sank,
Steigt in die Heiligkeit des Tages
Ein faulig-süsslicher Gestank.

Und Kinder werfen scheue Blicke
In Grabeslöcher tief hinein,
Dort, unter schwerem Eichendeckel,
Verharrt in Stille das Gebein.

Bedrückend schweigen heut die Gräber,
Vergebens sind sie aufgemacht –
Und grauenhaft und unanständig
Zeigt sich Emanuels tote Pracht.

17. April 1905

В день погрома

Я спешил к моей невесте
В беспощадный день погрома.
Всю семью застал я вместе
    Дома.

Все лежали в общей груде …
Крови темные потоки …
Гвозди вбиты были в груди,
    В щеки.

Что любовью пламенело,
Грубо смято темной силой …
Пронизали гвозди тело
    Милой …

22 июня 1906

Am Tag des Progroms

An dem Tag der wüsten Greuel
Bin zur Liebsten ich gegangen,
Alle fand in wirrem Knäuel
    Ich beisammen.

Frauen, Männer ineinander …
Schwarzes Blut in Bächen, Flüssen …
Nägel hatten Brüste, Wangen
    Aufgerissen.

Was ich liebte, was mir heilig,
Sah ich vergewaltigt liegen …
Nägel bohrten in den Leib sich
    Meiner Lieben …

22. Juni 1906

Чертовы качели

В тени косматой ели
Над шумною рекой
Качает черт качели
Мохнатою рукой.

Качает и смеется,
    Вперед, назад,
    Вперед, назад,
Доска скрипит и гнется,
О сук тяжелый трется
Натянутый канат.

Снует с протяжным скрипом
Шатучая доска,
И черт хохочет с хрипом,
Хватаясь за бока.

Держусь, томлюсь, качаюсь,
    Вперед, назад,
    Вперед, назад,
Хватаюсь и мотаюсь,
И отвести стараюсь
От черта томный взгляд.

Над верхом темной ели
Хохочет голубой:
«Попался на качели,
Качайся, черт с тобой.»

Die Teufelsschaukel

Im Schatten dunkler Eiche,
Am lauten Flussesrand,
Da schaukelt mich der Teufel
Mit schwarzbehaarter Hand.

Er stösst die Schaukel heiter
        Hinauf, hinab,
        Hinauf, hinab,
Im Baume knarrt und kreischt es,
Im Seile zerrt und reisst es,
Der Ast bricht beinah ab.

Im Brett beginnt's zu krachen,
Sich biegend schreit es auf.
Der Teufel hält vor Lachen
Sich mit der Hand den Bauch.

Ich halt mich und ich schwebe
        Hinauf, hinab,
        Hinauf, hinab,
Ich fürcht mich, ihn zu sehen,
Und zucke und erbebe
Bei jedem neuen Schlag.

Im Schatten dunkler Eiche,
Da tönt es laut zu mir:
«O, schaukle, schaukle, weiter,
Der Teufel ist mit dir.»

В тени косматой ели
Визжат, кружась гурьбой:
«Попался на качели,
Качайся, черт с тобой.»

Я знаю, черт не бросит
Стремительной доски,
Пока меня не скосит
Грозящий взмах руки,

Пока не перетрется,
Крутяся, конопля,
Пока не подвернется
Ко мне моя земля.

Взлечу я выше ели,
И лбом о землю трах.
Качай же, черт, качели,
Всё выше, выше … ах!

14 июня 1907

Und oben auf der Eiche,
Da kräht ein Hahn zu mir:
«O, schaukle, schaukle, weiter,
Der Teufel ist mit dir.»

Der Teufel wird nicht müde,
Wird schaukeln ohne Rast,
Bis dass ich kopfvorüber
Versinke im Morast,

Bis dass die Seile reissen,
Bis dass der Ast zerbricht,
Stösst mich der Teufel weiter
Mit lachendem Gesicht.

Und höher springt die Schaukel,
Ich hör schon dumpfen Krach.
O, schaukle, Teufel, schaukle,
Nur höher, höher ... ach!

14. Juni 1907

Улыбкой плачу отвечая,
Свершая дивный произвол,
Она была в гробу живая,
А я за гробом мертвый шел.

Тяжелые лежали камни,
Лиловая влеклася пыль.
Жизнь омертвелая была мне –
Как недосказанная быль.

И только в крае запредельном
Жизнь беззакатная цвела,
Вся в упоеньи дивно-хмельном,
И безмятежна, и светла.

30 июня 1907

*Стихотворение посвящается памяти Ольги
Тетерниковой, сестры Сологуба.*

Sie lächelte – und mir war elend,
Als Gottes Willkür sie vollbracht,
Sie lag im Sarg – und war doch lebend,
Nur ich ging tot dem Sarge nach.

Es lagen Steine schwer auf Gräbern,
Und lilafarben wehte Staub.
Erstarrt, erstorben schien mein Leben –
Ja, lebte ich denn überhaupt?

In jenem Lande hinter Grenzen
Ist sie für immer nun erblüht –
Und wird in Helligkeit erglänzen,
Im Friedensrausch, der sie umgibt.

30. Juni 1907

*Das Gedicht ist dem Andenken Ol'ga Teternikovas,
Sologubs Schwester, gewidmet.*

Когда я был собакой

4

Милый Бог, моя жизнь – твоя ошибка.
Ты меня создал не так.
Разве можно того, чья душа – улыбка,
Сделать товарищем буйных собак!

Я не хотел твоих планов охаять,
Думал: «Попытаюсь собакою быть.»
Кое-как я научился лаять
И даже привык на луну выть.

Но всё же, милый Бог, мне тяжко.
Быть собакой уж и сил нет.
Ну какая ж, подумай, я - дворняжка!
И искусство люблю, я – поэт.

18 июля 1912
Удриас

Als ich ein Hund war

4

Lieber Gott, mein Leben, es ist dein Fehler.
Du hast mich geschaffen, doch ich missriet.
Wie konntest du mich mit der lächelnden Seele
Zu einem Rudel Hunden stecken, sag, wie?

Ich wollte die Freude dir nicht vergällen
Und dachte: «So will ich ein Hund halt sein.»
Und irgendwie lernte ich auch zu bellen
Und war bald gewöhnt, zum Mond hin zu schrein.

Jedoch, lieber Gott, es wird immer schlimmer.
Ich geh ohne Kraft den mühsamen Weg.
Ja, sag einmal, was für ein Köter nur bin ich:
Ich lieb ja die Künste, ich bin ein – Poet!

18. Juli 1912
Udrias

Народ торжественно хоронит
Ему отдавших жизнь и кровь.
    И снова сердце стонет,
    И слезы льются вновь.

Но эти слезы сердцу милы,
Как мед гиметских чистых сот.
    Над тишиной могилы
    Свобода расцветет.

22 марта 1917

Das Volk hat feierlich begraben
Die für sein Wohl gefallen sind.
    Das Herz zerspringt vor Klagen,
    Die Schmerzensträne rinnt.

Doch wie wir diese Träne lieben,
Süss wie nur Honig von Hymet.
    Und über Grabeshügeln
    Ist's Freiheit, die ersteht.

22. März 1917

Расточитель

Измотал я безумное тело,
Расточитель дарованных благ,
И стою у ночного предела,
Изнурен, беззащитен и наг.

И прошу я у милого Бога,
Как никто никогда не просил:
«Подари мне еще хоть немного
Для земли утомительной сил.

Огорченья земные несносны,
Непосильны земные труды,
Но зато как пленительны весны,
Как прохладны объятья воды!

Как пылают багряные зори,
Как мечтает жасминовый куст!
Сколько ласки в лазоревом взоре
И в лобзании радостных уст!

И еще вожделенней лобзанья,
Ароматней жасминных кустов
Благодатная сила мечтанья
И певучая сладость стихов.

У тебя, милосердного Бога,
Много славы, и света, и сил.
Дай мне жизни земной хоть немного,
Чтоб я новые песни сложил!»

13 июния 1917
Княжнино, под Костромой

Der Verschwender

Als Verschwender erlesener Güter
Steh geschundenen Körpers, zernagt,
Vor der Grenze der Nacht ich, Gebieter,
Ohne Wehr – und bin nackt und verzagt.

Und ich bitte Dich, Gütiger, Lieber,
Wie kein Sterblicher jemals gefleht,
Von der einstigen Kraft gib mir wieder
Auch nur wenig – noch schwer ist der Weg:

Unerträglich das irdische Leiden,
Und die Mühe, die Arbeit noch viel;
Doch erfüllt uns der Frühling mit Freuden
Und umhüllen die Wasser uns kühl.

Wie in Purpur die Abende glühen,
Der Jasmin, wie er träumend sich regt!
Wie zwei Augen nur Liebe versprühen,
Wie ein Lippenpaar küssend erbebt!

Aber lieblicher, süsser als Küsse,
Aromatischer selbst als Jasmin
Sind der Träume geheime Genüsse,
Sind Gedichte und Melodien.

Gib, barmherziger Gott, der du ewig
Voller Ruhm, voller Macht, voller Licht,
Gib zu leben mir noch – auch nur wenig! –
Für Gesang, Melodie und Gedicht!

13. Juni 1917
Knjažnino bei Kostroma

Я испытал превратности судеб
И видел много на земном просторе.
Трудом я добывал свой хлеб,
И весел был, и мыкал горе.

На милой, мной изведанной земле
Уже ничто теперь меня не держит,
И пусть таящийся во мгле
Меня стремительно повержет.

Но есть одно, чему всегда я рад
И с чем всегда бываю светло-молод, –
Мой труд. Иных земных наград
Не жду за здешний дикий холод.

Когда меня у входа в Парадиз
Суровый Петр, гремя ключами, спросит:
«Что сделал ты?» – меня он вниз
Железным посохом не сбросит.

Скажу: – «Слагал романы и стихи,
И утешал, но и вводил в соблазны,
И вообще мои грехи,
Апосотол Петр, многообразны.

Но я – поэт.» И улыбнется он,
И разорвет грехов рукописанье,
И смело в рай войду, прощен,
Внимать святое ликованье.

Не затеряется и голос мой
В хваленьях ангельских, горящих ясно.
Земля была моей тюрьмой,
Но здесь я прожил не напрасно.

Mein schweres Los hab ich getragen,
Hab viel gesehn an manchem Ort,
Mein Brot verdient ich ohne Klagen,
War fröhlich hier, war traurig dort.

Auf dieser Erde, wo ich viel erlebt,
Hält nichts mehr länger mich zurück,
Und der, der in den Lüften schwebt,
Vollende schleunigst mein Geschick.

Doch etwas macht mich immer froh
Und hält mich jung und frisch:
Mein Werk. Denn einen andern Lohn
Erwart von dieser Welt ich nicht.

Wenn mich am Eingang in das Paradies
Der strenge Petrus schlüsselklirrend fragt:
«Was tatest du?» – wird er mich nicht
Hinunterwerfen mit dem Eisenstab.

Ich sag: «Gedichte schrieb ich und Romane,
Ich tröstete, ich reizte auf,
Und überhaupt, Apostel Petrus,
Gesündigt habe ich zuhauf.

Doch bin ich Dichter.» – Er versteht,
Und lächelnd wirft mein Sündenbuch er fort.
Das Tor geht auf, und ich betret
mit kühnem Sinne diesen heiligen Ort.

Und meine Stimme lässt sich stets erkennen,
Wenn laut das All vom Engelchor erbebt.
Zwar war die Erde mir Gefängnis,
Doch hab ich nicht umsonst gelebt.

Горячий дух земных моих отрав,
Неведомых чистейшим серафимам,
В благоуханье райских трав
Вольется благовонным дымом.

8 апреля 1919

Das heisse Gift all meiner Erdenträume
Wird sich mit Wohlgeruch vermengen,
Und wird in den geweihten Räumen
Als Weihrauch in der Luft verbrennen.

8. April 1919

В Совдепе

Муза, как ты истомилась
Созерцаньем диких рож!
Как покорно приучилась
Ждать в приемной у вельмож!

Утешаешься куреньем,
Шутишь шутки, сердце сжав,
Запасись еще терпеньем, –
Всякий муть для музы прав.

24 мая 1920

Im Sovdep

Muse, sag, wohin nur führen
Diese Rotzvisagen dich?
Lernst auch du antichambrieren
Vor der neuen Herrscherschicht?

Rauchen tröstet, Scherze treiben …
Für die Muse hab Geduld,
Für sie lohnt es sich zu leiden,
Denn auf sie fällt keine Schuld!

24. Mai 1920

Канон бесстрастия

Поэт, ты должен быть бесстрастным,
Как вечно справедливый Бог,
Чтобы не стать рабом напрасным
Ожесточающих тревог.

Воспой какую хочешь долю,
Но будь ко всем равно суров.
Одну любовь тебе позволю,
Любовь к сплетенью верных слов.

Одною этой страстью занят,
Работай, зная наперед,
Что ждала слов более ранят,
Чем жала пчел, дающих мед.

И муки и услады слова, –
В них вся безмерность бытия.
Не надо счастия иного.
Вот круг, и в нем вся жизнь твоя.

Что стоны плачущих безмерно
Осиротелых матерей?
Чтоб слово прозвучало верно,
И гнев и скорбь в себе убей.

Любить, надеяться и верить?
Сквозь дым страстей смотреть на свет?
Иными мерами измерить
Всё в жизни должен ты, поэт.

Kanon der Leidenschaftslosigkeit

Poet, sei nüchtern, sei besonnen,
Zu allem sei wie Gott gerecht,
Verachte Leidenschaften, Wonnen,
Von Angst und Unrast sei nicht Knecht.

Besing ein jedes Los – verfechten
Darfst du das Recht der Kunst allein.
Nur sie, die Liebe zum Verflechten
Wahrhafter Worte nenne dein.

Mit dieser Leidenschaft beschäftigt,
Kenn Arbeit nur und raste nicht.
Doch wisse, Worte schmerzen heftig,
So heftig schmerzt kein Bienenstich.

Im Worte findest du alleine
Die Unermesslichkeit der Welt.
Nicht anderem Glück, nur ihm alleine
Sei dein Geschick anheimgestellt.

Was soll das Wehgeschrei, das Stöhnen
Von Waisen und verlassnen Fraun?
Dass deine Worte wahr ertönen,
Halt Zorn und Traurigkeit im Zaum.

Und lieben, hoffen und vertrauen,
Vom Rauch der Leidenschaft erregt?
Nein, anders mögest du beschauen
Die Welt, in der du lebst, Poet.

Заставь заплакать, засмеяться,
Но сам не смейся и не плачь.
Суда бессмертного бояться
Должны и жертва и палач.

Всё ясно только в мире слова,
Вся в слове истина дана.
Всё остальное – бред земного
Бесследно тающего сна.

22-23 мая 1920
Москва

Lass dein Gedicht auf andre wirken,
Doch selber lach und weine nicht,
Denn vor dem Weltgerichte fürchten
Das Opfer und der Henker sich.

Im Reich des Worts muss alles klar sein,
Und Wahrheit such im Worte nur.
Der Rest – ein Traum. Wie alles Dasein
Taut er dahin, lässt keine Spur.

22.-23. Mai 1920
Moskau

Приди ты поздно или рано,
Всё усложни или упрость
Словами правды иль обмана, –
Ты мне всегда желанный гость.

Люблю твой взор, твою походку
И пожиманье тонких плеч,
Когда в мечтательную лодку
Тебя стремлюся я увлечь,

Чтобы, качаяся на влаге
Несуществующей волны,
Развивши паруса и флаги,
На остров плыть, где реют сны,

Бессмертно ясные навеки
Где радость розовых кустов
Глубокие питают реки
Среди высоких берегов,

Где весело смеются дети,
Тела невинно обнажа,
Цветами украшая эти
Твои чертоги, госпожа.

2 сентября 1920
Бологое - Вишера. Вагон

Komm, wann du willst, du bist willkommen,
Mach mir das Leben schwer, mach's leicht,
Ob wahr das Wort, das ich vernommen,
Ob's Täuschung ist – mir ist es gleich.

Ich lieb dein Auge, deine Blicke,
Dein Schulterzucken, deinen Gang,
Dass uns ein Traumgefährt entrücke
Auf Wogen hoch, in stetem Drang,

Dass uns der Schaum des Wassers wiege
Auf Wellen, die der Traum gebar,
Dass unser Boot mit Segeln fliege
Dorthin, wo alle Träume wahr,

Wo hell und ewig klar sie leuchten,
Wo Felsen über Ufern stehn,
Wo Flüsse Rosen sanft befeuchten,
Dass ihre Düfte ewig wehn,

Wo Kinder, lächelnd, voll Entzücken,
Die Körper nackt im Morgentau,
Mit Blumensträussen freudig schmücken
Deine Gemächer, holde Frau.

2. September 1920
Bologoe - Višera. Waggon

Дон-Кихот

Бессмертною любовью любит
И не разлюбит только тот,
Кто страстью радости не губит,
Кто к звездам сердце вознесет,
Кто до могилы пламенеет, –
Здесь на землю любить умеет
Один безумец Дон-Кихот.

Он видит грубую Альдонсу,
Но что ему звериный пот,
Который к благостному солнцу
Труды земные вознесет!
Пылая пламенем безмерным,
Один он любит сердцем верным,
Безумец бедный, Дон-Кихот.

Преображает в Дульцинею
Он деву будничных работ
И, преклоняясь перед нею,
Ей гимны сладкие поет.
Что юный жар любви мгновенной
Перед твоею неизменной
Любовью, старый Дон-Кихот!

26 октября 1920

Don Quijote

Unsterblich kennt nur der die Liebe,
Und ewig gilt ihm ihr Gebot,
Der frohen Herzens, ohne trübe
Verirrung hin zu Sternen loht, –
Ja, bis zum Grabe kann nur glühen,
Ja, hier auf Erden kann nur lieben
Der Wahnsinnsritter Don Quijot.

Er sieht die Bauernmagd Aldonsa
Im Schweiss, die Wangen heiss und rot,
Sie reicht der gnadenvollen Sonne
Der Erde Arbeit, Pein und Not.
Mit seines Herzens reinem Feuer
Liebt keiner flammender und treuer
Als er, der arme Don Quijot.

Für ihn wird die zu Dulcinea,
Der Last und Mühe täglich Brot,
Er singt, in Andacht vor ihr kniend,
Ihr süsse Hymnen bis zum Tod.
Was ist der Brand der jungen Liebe
Vor deiner Liebe ohne Lüge,
O alter Streiter, Don Quijot!

26. Oktober 1920

Душа опять свучит стихами.
Пришла весна, и в сердце вновь,
Чаруя радостными снами,
Воскресла милая любовь.

Устал, устал я жить в затворе,
То ненавидя, то скорбя.
Хочу забыть про зло и горе,
И повторять: – Люблю тебя! –

Пойми, пойми, – пока мы живы,
Пока не оскудела кровь,
Все обещания не лживы,
И не обманет нас любовь.

Die Seele klingt in Versen wieder.
Es kam der Frühling, und es neckt
Mit frohem Traum das Herz mich wieder
Und hat die Liebe auferweckt.

Aus meiner Zelle will ich fliehen,
Drin quälten Hass und Trauer mich,
Vergessen will ich Bosheit, Mühen,
Und schreien: «Ja, ich liebe dich!»

O glaub, solang uns Träume wiegen,
Es uns an Herzblut nicht gebricht,
Werden Versprechungen nicht lügen,
Lässt uns die Liebe nicht im Stich.

Гори, гори, моя любовь!
Я не боюсь твоих пыланий.
Светлее воскресайте вновь
Вы, сонмы яркие желаний!

Ты погасай, моя тоска,
Хотя б с моею вместе кровью,
Стрелою меткого стрелка
Сраженная, – моей любовью.

Мне стала наконец ясна
Давно томившая загадка.
Как прежде, смерть мне не страшна,
И жить, как никогда, мне сладко.

O brenn, o brenne, Liebe mein!
Ich fürcht mich nicht vor deinen Flammen.
Und es ersteh in lichtem Schein
Mein Wünschen, Sehnen und Verlangen!

Erlösch – und wär's mit meinem Blut –
O Trauer, die du mir geblieben,
Besiegt durch meine Liebesglut,
Zu Tod verwundet durch mein Lieben.

Und alles ist mir klar zum End,
Des Rätsels Lösung mir gegeben,
Der Tod, wie früher, mir nicht fremd,
Und süss, wie nie zuvor, das Leben.

Стремит таинственная сила
Миры к мирам, к сердцам сердца,
И ты напрасно бы спросила,
Кто разомкнет обвод кольца.

Любовь и Смерть невинны обе,
И не откроет нам Творец,
Кто прав, кто нет в любви и в злобе,
Кому хула, кому венец.

Но всё правдиво в нашем мире,
В нем тайна есть, но нет в нем лжи.
Мы – гости званые на пире
Великодушной госпожи.

Душа, восторгом бесконечным
Живи, верна одной любви,
И, силам предаваясь вечным,
Закон судьбы благослови.

29 апреля 1921

Geheimnisvolle Kräfte streben
Von Herz zu Herz, von Welt zu Welt.
Doch wer zerreisst, fragst du vergebens,
Das Band, das sie zusammenhält.

Die Liebe und der Tod sind beide
Von Sünde frei. Es weiss nur Gott,
Wem in der Liebe, wem im Leide
Der Kranz gebührt – und wem der Spott.

Nur Wahres bergen unsere Tage,
Geheimes wohl, doch keinen Trug.
Auf, gehen wir ans Festgelage,
Wohin die holde Frau uns lud.

O Seele, leb, vor Freude bebend,
Der einen Liebe immer treu,
Dich Kräften, ewigen, ergebend,
Besing das Schicksal stets aufs neu.

29. April 1921

В моем безумии люби меня.
Один нам путь, и жизнь одна и та же.
Мое безумство манны райской слаже.
Наш рдяный путь в метании огня,
Архангелом зажженного на страже.
В моем горении люби меня.

Только будь всегда простою,
Как слова моих стихов.
Будь мне алою зарею,
Вся обрызгана росою,
Как сплетеньем жемчугов.

В моем пылании люби меня,
Люби в безумстве, и в безсильи даже.
Всегда любовь нам верный путь укажет,
Пыланьем вечным рай наш осеня.
Отвергнут я, но ты люби меня.
Нам путь один, нам жизнь одна и та же.

Отворю я все дворцы,
И к твоим ногам я брошу
Все державы и венцы, –
Утомительную ношу, –
Все, что могут дать творцы.

4 мая 1921

In meinem Wahnsinnstraum sollst du mich lieben.
Ein Weg ist unser, *eines* unser Leben.
Mein Wahn wird Paradiesesglück dir geben.
Lass glühend uns auf Flammenwegen gehen
Durch Brände, welche Engel Gottes legen.
In meinem Wahnsinnsbrand sollst du mich lieben.

Aber immer bleibe schlicht
Wie mein Wort, wie mein Gedicht,
Purpurn wie das Morgenrot,
Wenn, wie Tau, es glänzt und loht.
Wie die Perle brenne licht.

In meinem Wahnsinnsrausch sollst du mich lieben.
Bin ich auch schwach, sei liebend mir ergeben.
Stets führt die Liebe uns durch Flammenregen
Ins Paradies, wo Brände sich erheben.
Bin ich verschmäht auch, fahre fort zu lieben.
Ein Weg ist unser, *eines* unser Leben.

Offen steht dir mein Palast,
Und zu deinen Füssen liegt
Macht und Gold, das keiner wiegt,
Meine Mühe, meine Last –
Alles, was kein Gott dir gibt.

4. Mai 1921

Войди в меня, побудь во мне,
Побудь со мною хоть недолго.
Мы помечтаем в тишине,
Смотри, как голубеет Волга.

Смотри, как узкий серп луны
Серебряные тучки режет,
Как прихоть блещущей волны
Пески желтеющие нежит.

Спокоен я, когда Ты здесь.
Уйдешь – и я в тоске, в тревоге,
Влекусь без сил, разметан весь,
Как взвеянная пыль дороги.

И если есть в душе мечты,
Порой цветущие стихами,
Мне их нашептываешь Ты
Своими легкими устами.

1 июля 1922

Fliess in mich ein und bleib in mir,
Verbleib mit mir auch nur ein Weilchen,
Vom blauen Flusse träumen wir,
Berauschen uns am Duft der Veilchen.

Schau, wie die Mondessichel dort
Die silberhellen Wolken schneidet
Und wie die Welle immerfort
Den Ufersand mit Schaum bekleidet.

Bist Du mir nahe, bin ich still,
Bist Du mir fern, muss ich verzagen,
Und werd, wohin der Wind nur will,
Wie Strassenstaub davongetragen.

Wenn's in der Seele Träume gibt,
Die in Gedichten bunt erblühen,
So sag sie dem, der dich so liebt:
Sie werden nimmermehr entfliehen.

1. Juli 1922

Она придет ко мне, – я жду, –
И станет пред моей постелью.
Легко мне будет, как в бреду,
Как под внезапною метелью.

Она к устам моим прильнет,
И шепот я услышу нежный:
«Пойдем.» И тихо поведет
К стране желанной, безмятежной.

За Нею я пойду, и мне
Вдруг весело и страшно станет,
Как в предзакатной тишине,
Когда мечта глаза туманит.

Неведомые здесь огни,
Цветы, неведомые людям, –
И мы томительные дни
В стране бессмертия забудем.

9 июля 1922

*Стихотворение посвящается памяти Анастасьи
Чеботаревской, жены Сологуба.*

Ich warte – und Sie kommt zu mir
Und wird an meinem Lager stehen.
Mir wird so leicht, als träumte mir,
Als würd aufs Mal ein Schneesturm wehen.

An meine Lippen schmiegt Sie sich
Und flüstert zärtlich: «Lass uns gehen.»
Ins Land der Träume führt sie mich,
Lässt mich das Land des Friedens sehen.

Ich geh Ihr nach – auf einmal wird
Mir froh und bang und bang und fröhlich,
Als ob der Abend still und selig
Mit hellem Traum mich blenden würd.

Wir sehen Feuer weit und breit
Und Blumen, die kein Aug erblickte –
Und wir vergessen, was uns drückte,
Im Lande der Unsterblichkeit.

9. Juli 1922

Das Gedicht ist dem Andenken Anastas'ja
Čebotarevskajas, Sologubs Frau, gewidmet.

Все невинно в Божьем мире,
Нет стыда, и нет греха.
Божья благость в каждой лире,
В каждом трепете стиха,

И в улыбках, и в лобзаньях,
И в кровавом буйстве мук,
И в полуночных свиданьях,
И в томлениях разлук.

Тот, кто знает ярость моря,
Ценит сладостный покой.
Только тот, кто ведал горе,
Стоит радости земной.

Смертный! страстной полнотою
Каждый день свой оживляй,
Не склоняйся пред судьбою,
Наслаждайся и страдай.

27 августа 1926

Gottes Welt ist ohne Sünde,
Ohne Scham und ohne Reu.
Geh – und Gottes Güte finde
In Gedicht und Litanei,

In Geflüster und Gekose,
In Gewalt und Grausamkeit,
Nachts, in der Geliebten Schosse,
Und in Abschiedstraurigkeit.

Wer gelebt in Sturmwinds Wehen,
Sehnt nach Ruhe sich vermehrt.
Nur wer Gram und Leid gesehen,
Ist der Erdenfreude wert.

Sterblicher! Bis hin zur Neige
Auszukosten sei bereit,
Was das Los dir bringt. Doch beuge
Dich vor Freude nicht und Leid.

27. August 1926

Успокоительная зелень
Травы и зыблемых ветвей!
Но я устал теперь, и мне лень
Идти далёко от людей.

Людьми весь город обмуращен,
Которые скопились здесь.
Иду в него, но он мне страшен,
И отвратителен он весь.

Бесстыдно он опролетарен,
Полуразрушен, грязен, груб.
В веках жестокий век подарен
Тебе, плененный Сологуб!

Но всё ж ликуй: Вот Навьи Чары,
Тяжелых снов больной угар, –
Ты эти предсказал кошмары,
Где Передонов – комиссар!

3 июля 1926

Es locken Hügel, Wälder, Wege,
Wie schön ist doch das Wiesengrün!
Doch bin ich müde und zu träge,
Der Stadt, den Leuten zu entfliehn.

Die ganze Stadt ist voller Mauern,
Und Leute füllen sie – ein Graus!
Die Seele ängstigt sich, muss trauern;
Es stinkt – du hältst es kaum mehr aus.

Verproletarisiert und dreckig
Ist alles, grob der Herrscher Trupp.
Was du im Alter siehst, ist schrecklich,
Gefangener F. Sologub.

Doch freu dich: «Totenzauber» wehen,
Und «Schwere Träume» werden wahr –
Und, wie du es vorausgesehen,
Ist Peredónov – Kommissar.

3. Juli 1926

Ты жизни захотел, безумный!
Отвергнув сон небытия,
Ты ринулся к юдоли шумной.
Ну что ж! теперь вся жизнь – твоя.

Так не дивися переходам
От счастья к горю: вся она,
И день и ночь, и год за годом,
Разнообразна и полна.

Ты захотел ее, и даром
Ты получил ее, – владей
Ее стремительным пожаром
И яростью ее огней.

Обжегся ты. Не всё здесь мило,
Не вечно пить сладчайший сок, –
Так улетай же, легкокрылый
И легковесный мотылек.

21 декабря 1926

Das Leben wolltest du, Verrückter!
Den Traum des Nichtseins schlugst du aus!
Du längst vom Jammertal Beglückter,
Jetzt liegt es ganz vor dir – beschau's!

Dich wundert's, dass mit Leid verbunden
Die Freude war, mit Schmerz das Glück? –
Das Leben ist zu allen Stunden
Ein wechselhaftes, volles Stück!

Du wolltest es, du hast's bekommen
Als ein Geschenk – und nahmst es hin,
Mit seinem Brand, der nie verglommen,
Mit seinem Feuer, seinem Grimm.

Gebrannt bist du. Denn nicht von Zucker
Ist diese Welt. Rauh geht's hier zu! –
So flieg denn fort, du armer Schlucker,
Als wärst ein leichter Falter du.

21. Dezember 1926

Подыши еще немного
Тяжким воздухом земным,
Бедный, слабый воин Бога,
Странно зыблемый как дым.

Что Творцу твои страданья?
Кратче мига – сотни лет.
Вот – одно воспоминанье,
Вот – и памяти уж нет.

Страсти те же, что и ныне …
Кто-то любит пламя зор …
Приближаяся к кончине,
Ты с Творцом твоим не спорь.

Бедный, слабый воин Бога,
Весь истаявший, как дым,
Подыши еще немного
Тяжким воздухом земным.

30 июля 1927

Atme noch ein wenig weiter,
Lab dich an der Erde Hauch,
Armer, schwacher Gottesstreiter,
Noch erbebst du grau wie Rauch.

Was bedeutet Gott dein Leiden?
Was sind tausend Jahre ihm?
Ein Moment, ein kurzes Bleiben,
Und vorbei ist alles, hin.

Neu geliebt wird alle Tage …
Jemand liebt das Sonnenlicht …
Wenn die letzten Tage nahen,
Streit mit deinem Schöpfer nicht.

Armer, schwacher Gottesstreiter,
Bald verwehst du grau wie Rauch,
Atme noch ein wenig weiter,
Lab dich an der Erde Hauch.

30. Juli 1927

Nachwort

Der einflussreiche Kritiker Fürst Svjatopolsk-Mirskij bezeichnet in seiner *Geschichte der russischen Literatur* Fedor Sologub (1863-1927) als den «grössten und raffiniertesten Dichter» der ersten Symbolistengeneration in Russland.[1] Sologub hat ein umfangreiches schriftstellerisches Œuvre vorgelegt, das fünf Romane, sechzehn Dramen, über hundert Erzählungen und etwa 2500 Gedichte umfasst.[2] Berühmt geworden ist Sologub vor allem durch seinen Roman *Der kleine Dämon* (1907), in dem er den fortschreitenden Wahnsinn eines Gymnasiallehrers in der russischen Provinz darstellt. Der Erfolg dieses Romans verdankt sich jedoch nicht nur der spannenden Handlungsführung, sondern auch der kunstvoll instrumentierten und rhythmisierten Sprache. Es gelingt Sologub hier, die poetologischen Voraussetzungen des Symbolismus auch für die grosse Prosaform fruchtbar zu machen.

Sologubs eigentliches literarisches Element ist jedoch die Poesie. Seine Gedichte zeichnen sich durch eine ausgesprochene formale Meisterschaft aus, die auf intime Kenntnis der klassischen russischen Lyrik schliessen lässt. Gleichzeitig gelingt es Sologub, seine poetischen Werke auf einen speziellen Kammerton zu stimmen, der ihnen eine unverwechselbare Identität verleiht. Das Charakteristische dieser Lyrik darf man in jener dekadenten Färbung erblicken, die sich in Sologubs Texten – wie vielleicht nur noch bei Zinaida Gippius – ebenso konsequent wie virtuos eingesetzt findet. Dabei wusste sich Sologub durchaus im Widerstreit mit der literarischen Öffentlichkeit: In Russland stiess um die Jahrhundertwende das Pamphlet *Entartung*, in dem Max Nordau die Kunst des *fin de siècle* als krank und wertlos diffamierte, auf grosses Echo. In einem nachgelassenen Artikel hat Sologub aber gerade die Dekadenz als ästhetisches Programm verteidigt:

Für mich besteht kein Zweifel, dass die verachtete, verlachte und sogar schon vorzeitig begrabene Dekadenz das beste – möglicherweise sogar das einzige – Instrument des bewussten Symbolismus darstellt. Indem sie sich an das innere Bewusstsein des Menschen wendet und die Wörter nur als psychopathologische Reaktionen einsetzt, ermöglicht die sogenannte Dekadenz allein das Aufzeigen des Unerkennbaren in sprachlichen Formen, das Erwecken von geheimnisvollen und tiefen seelischen Erregungen [...]. Die Zukunft der Literatur gehört jenem Genie, das sich vor der pejorativen Bezeichnung der Dekadenz nicht fürchtet und mit siegreicher künstlerischer Kraft die symbolistische

Weltanschauung mit dekadenten Formen vereinigt.[3]

Deutlich zeigt sich der transzendente Anspruch dekadenter Lyrik vor allem in der Todesthematik, die bei Sologub eine prominente Stellung einnimmt. So kostet er etwa die körperliche Schönheit des toten Christus aus, der am Ostertag sein Auferstehungsversprechen nicht eingelöst hat:

Bedrückend schweigen heut die Gräber,
Vergebens sind sie aufgemacht –
Und grauenhaft und unanständig
Zeigt sich Emanuels tote Pracht.

Sologub zelebriert in seinen Gedichten immer wieder die dekadente Abkoppelung der Ästhetik von der Ethik. Gerade das Grausame, Sündige verspricht erlesenen Sinnesgenuss. Oft verbindet sich mit solcher Ausserkraftsetzung traditioneller Moralgesetze auch ein quasi-religiöser Anspruch:

Gottes Welt ist ohne Sünde,
Ohne Scham und ohne Reu.
Geh – und Gottes Güte finde
In Gedicht und Litanei,

In Geflüster und Gekose,
In Gewalt und Grausamkeit,
Nachts, in der Geliebten Schosse,
Und in Abschiedstraurigkeit.

Es gibt durchaus auch biographische Wurzeln für Sologubs dekadente Apologie der Grausamkeit. Neben Maksim Gor'kij ist Sologub einer der wenigen wichtigen russischen Autoren, die nicht aus adligem oder grossbürgerlichem Haus stammen. Die gemeinsame proletarische Herkunft hinderte die beiden Schriftsteller jedoch nicht daran, sich später erbittert zu befehden: In scharfen Satiren verunglimpfte jeder die literarische Position des Gegenspielers.[4] Solche Feindschaft kann nur als Abwehr einer drohenden Identifikation gedeutet werden. Wie für Gor'kij stellte auch für Sologub Gewalt in der Familie ein alltägliches Phänomen dar: Als Kinder wurden beide oft körperlich gezüchtigt. Auf die ständigen Demütigungen scheint Sologub mit der Ausbildung einer sadomasochistischen Phantasie reagiert zu haben. Genau diese psychische Reaktion war aber für Gor'kij inakzeptabel: Er versuchte sich mit einem romantischen Erlöserpathos von seiner Opferrolle freizuschreiben. Sologub indes gewann dem Leiden einen eigenen ästhetischen Sinn ab. Schon in seinen frühesten lyrischen Versuchen taucht das Peitschenmotiv in durchaus lustvoller Konnotation auf:

Ach, wie schwer ist mir zumute,
Spür ich lang die Peitsche nicht,
Und ich meide dann das Gute,
Sündige, bin bös und frech.[5]

Diese offen masochistischen Texte haben allerdings keinen Eingang in den gültigen Kanon von Sologubs lyrischem Werk gefunden – bezeich-

nenderweise hat auch der Autor selbst nie einen
Veröffentlichungsversuch unternommen. Gerade
in Sologubs früher Schaffenszeit sind sehr viele
Gedichte entstanden, die höchsten literarischen
Ansprüchen nicht genügen können. So wies
Sologub in einem Gespräch mit dem Literatur-
kritiker Kornej Čukovskij darauf hin, dass er
allein am 6. Dezember 1895 vierzig Gedichte
verfasst habe.[6] Generell lässt sich sagen, dass sich
auch später in Sologubs enormer lyrischen
Produktion einige Texte von nur durchschnitt-
licher Qualität befinden. Sologub selbst war sich
des schwankenden Werts seiner Lyrik durchaus
bewusst. So berichtet etwa Georgij Ivanov, wie er
versuchte, von Sologub Gedichte für einen
lyrischen Sammelband zu erhalten:

> Sologub war sehr liebenswürdig, rezitierte
> einige Gedichte und schlug mir vor, selbst
> auszuwählen. Ich wählte zwei sehr gute
> aus. Darauf entschuldigte ich mich, dass der
> Verlag in der ersten Zeit nur 50 Kopeken
> pro Verszeile bezahlen könne. Sologubs
> Gesicht versteinerte sich. «Anastasja
> Nikolaevna», rief er zu seiner Frau im
> Nebenzimmer, «geben Sie mir ... die
> Gedichte ... sie wissen schon welche ...
> unten im Regal.» «Hier», brummte er,
> indem er mir zwei Blätter hinstreckte,
> «Gedichte für 50 Kopeken ... auf
> Wiedersehen ...»[7]

Solche Koketterie mit der eigenen Billigpro-
duktion darf nicht darüber hinwegtäuschen, dass

153

Sologub in seinen besten Gedichten einen Höhepunkt in der russischen Lyrik erreicht. In erster Linie ist hier der Gedichtband *Der flammende Kreis* (1908) zu nennen, mit dem Sologub seinen Ruf als Hexenmeister der russischen Sprache etablierte. Im selben Jahr erschien auch ein Band mit Sologubs Verlaine-Übersetzungen. Sologub schätzte die Lyrik des *poète maudit* so sehr, dass er diese Übersetzungen als siebten Band seiner eigenen Gedichte veröffentlichte. Die Affinitäten zwischen den beiden Dichtern gehen sehr weit: Zum einen weckte Verlaine bei Sologub die Aufmerksamkeit für sinnliche Eindrücke (Farben, Düfte, Klänge), zum anderen begann Sologub unter Verlaines Einfluss, sich von den klassischen Regeln der russischen Verskunst zu lösen und mit ungewöhnlichen Reimen, Alliterationen und Enjambements zu experimentieren.[8] Der Philosoph Lev Šestov erkannte in der musikalischen Sprachgestaltung nachgerade Sologubs dichterische *faculté maîtresse*. In einer Rezension aus dem Jahr 1909 schrieb er: «Ich kenne keinen anderen lebenden russischen Dichter, dessen Gedichte näher bei der Musik wären, als Sologub. Sogar wenn er die schrecklichsten Dinge über einen Henker oder über einen heulenden Hund erzählt, sind seine Verse von einer geheimnisvollen und ergreifenden Melodie erfüllt.»[9] Besonders deutlich zeigt sich etwa die musikalische Qualität seiner Lyrik in folgendem Gedicht:

Mit leichter Liebe leise spielend,
Sind wir in lichtes Land gelangt.
Es leuchteten uns die Paradiese,

Viel lieblicher als Gottes Land.

Die Übersetzung versucht an dieser Stelle, Sologubs Spracharbeit mit dem Laut «l» auch im Deutschen nachzuahmen. Im Russischen gelingt es Sologub sogar, die morphologischen Grenzen zwischen den einzelnen instrumentierten Wörtern zu verwischen: «Belej lilej, alee lala / Bela byla ty i ala.» In einem späten Gedicht hat Sologub denselben Kunstgriff in einer Art Selbstparodie nochmals eingesetzt. Der Glaube an die dekadente Erlösung des Menschen von gesellschaftlichen Zwängen und die kunstvolle Aufbereitung des lyrischen Sprechens sind hier einer resignierten Ironie gewichen.

Wär ich auf Madagaskar geboren,
Spräch ich in einer Sprache mit vielen a,
Säng über die,
      die beim Liebesbrand schmoren,
Über die nackten Schönen
      des Inselreichs Samoà.[10]

Sologub darf als einer der sorgfältigsten Spracharbeiter des russischen Symbolismus gelten. In einem Gedicht aus dem Jahr 1920 hat er sein poetologisches Ideal formuliert:

Im Reich des Worts muss alles klar sein,
Und Wahrheit such im Worte nur.
Der Rest – ein Traum. Wie alles Dasein
Taut er dahin, lässt keine Spur.

Diese anspruchsvolle Dichtungskonzeption wird auch durch eine Notiz aus Sofija Dubnova-Ėrlichs Memoiren bestätigt:

Sologub wohnte in einem stark belebten, schmutzigen, nicht eben vornehmen und sehr «dostoevskijhaften» Viertel von Petersburg. Wir sassen in einem düsteren Zimmer vor einem grossen Kamin, in dem Holzscheite knisterten, und die Reflexe der Flamme fielen auf sein gelblich-fahles Antlitz, das wie das Gesicht eines Magiers aus einem Märchen aussah. Er schaute mich aufmerksam und scharf an, aber in seinem Blick war keine Kälte.
Sologub begann das Gespräch damit, was er offensichtlich für das Wesentlichste hielt. Er fragte, wie bei mir ein Gedicht entstehe, womit ich beginne. Ich sagte, dass zunächst eine Zeile auftauche, und diese gebe sogleich das Metrum und den Rhythmus vor; sie könne ihren Ort wechseln, in ihr können sich die Wörter verändern, aber die Grundlage des Verses bleibe unangetastet. Er nickte zustimmend: «Ja, das ist richtig, das Metrum ist die Seele des Gedichts. Aber Wörter gibt es verschiedene, man muss in ihren Klang hineinlauschen. Bei Ihnen endet zum Beispiel eine Verszeile mit dem Wort ‹nagá› (‹nackt›), was aber beim lauten Lesen wie ‹nogá› (‹Bein› – unbetontes o wird im Russischen wie a ausgesprochen, U.S.) klingt, und das ist schlecht. Überhaupt muss man in die Sprache der

Menschen hineinlauschen, besonders in die Aussprache des Volkes; besuchen Sie öfters meine Strasse, die Raz"ezžaja, oder den Heumarkt, hören Sie den Marktweibern zu, dort werden Sie die wirkliche, reine und lebendige Sprache hören."[11]

Sologubs Gedichte versuchen zwar den ganzen Reichtum der gesprochenen Sprache künstlerisch zu verarbeiten, gleichzeitig sind sie aber auch weit davon entfernt, Stimmungsbilder aus der russischen Wirklichkeit geben zu wollen. Den Kern von Sologubs lyrischem Schaffens bildet eine Privatmythologie, in der viele Motive immer aufs Neue variiert werden. So erscheint etwa die Sonne als böser Drachen, der alles Leben auf Erden versengt. Seine Gegenutopie zur schlechten Realität siedelt Sologub auf dem fernen Stern Mair, im sagenhaften Land Ojlé an. Hier findet der Dichter jene Glückseligkeit, die ihm im dämonischen Alltag verwehrt bleiben muss. Das Hin- und Herschwanken zwischen der niederdrückenden Realität und einer erhebenden Traumwelt hat Sologub immer wieder in das Gegensatzpaar Aldonsa – Dulcinea gefasst. Der Ritter von der traurigen Gestalt wird bei Sologub zum Künstler par excellence, der für die «Dulcinierung» der schlechten Wirklichkeit kämpft. Das Medium dieses äusserlich wahnhaften Bestrebens ist die Literatur, die schliesslich auch eine erlösende Macht erhält. In einem Gedicht aus dem Jahr 1919 wird das literarische Schaffen nachgerade zur Eintrittskarte in das Paradies. Auf

Petrus' Frage nach dem Lebenswerk antwortet der Dichter:

> Ich sag: «Gedichte schrieb ich und Romane,
> Ich tröstete, ich reizte auf,
> Und überhaupt, Apostel Petrus,
> Gesündigt habe ich zuhauf.
>
> Doch bin ich Dichter.» – Er versteht,
> Und lächelnd wirft mein Sündenbuch er fort.

Bevor jedoch dem Dichter solche Erlösung zuteil wird, ist er dem irdischen Teufelskreis von Verlockung und Verdammung ausgeliefert. Die eindringlichste Chiffre für die prekäre *conditio humana* hat Sologub im Gedicht «Die Teufelsschaukel» gefunden. In diesem rhythmisch höchst innovativen Text fügt der Leibhaftige dem Menschen Tantalusqualen zu, indem er ihm das Ideal zeigt, ihn gleichzeitig aber immer wieder in die Realität zurückfallen lässt:

> Im Schatten dunkler Eiche,
> Am lauten Flussesrand,
> Da schaukelt mich der Teufel
> Mit schwarzbehaarter Hand.
>
> Er stösst die Schaukel heiter
>   Hinauf, hinab,
>   Hinauf, hinab,
> Im Baume knarrt und kreischt es,
> Im Seile zerrt und reisst es,
> Der Ast bricht beinah ab.

Sologubs Negierung der Wirklichkeit stiess nach
der Oktoberrevolution bei den neuen Machthabern
auf wenig Verständnis. Zwar konnte Sologub in
den zwanziger Jahren noch einige schmale
Lyrikbände publizieren, seine Gedichte wurden
jedoch vom Publikum kaum mehr beachtet.
Besonders hervorzuheben ist hier der Gedichtband
Die eine Liebe (1921), mit dem Sologub sein
exquisites Spätwerk einleitete. Der Dichter kehrte
in den zwanziger Jahren zu einer klassischen
Formstrenge zurück – Metrum und Reim setzte er
nur noch nach den traditionellen Regeln der Kunst
ein. Diese konservative Wende ist umso erstaun-
licher, als gerade zu dieser Zeit Dichter wie Veli-
mir Chlebnikov, Vladimir Majakovskij, aber auch
Marina Cvetaeva mit ihren innovativen Lyrik-
experimenten die russische Verstechnik revolutio-
nierten. Man darf vermuten, dass Sologub mit
seinen späten Gedichten einen ästhetischen
Kontrapunkt zur zunehmend kunstfeindlichen
Sowjetwirklichkeit setzen wollte.
In dieser Zeit entstanden allerdings auch explizit
politische Stellungnahmen. Kurz vor seinem Tod
schrieb Sologub – selbstverständlich im Geheimen
– einige scharfe Gedichte, die sich vor allem
gegen die fortschreitende Proletarisierung der
Kultur richten.[12]

Nein, der Vers, er klingt nicht mehr,
Neues Material muss her!
Aufgefressen haben Schweine
Wiesen, Wälder, Felder, Haine.

In einem dieser satirischen Texte setzt Sologub mit einem raffinierten Kunstgriff die eigenen alptraumhaften Visionen mit der neuen Realität gleich. Sologub zitiert hier seine Romane *Schwere Träume*, *Totenzauber* und schliesslich *Der kleine Dämon*, in dem er den wachsenden Wahnsinn des sadistischen Lehrers Peredonov nachgezeichnet hatte:

> Verproletarisiert und dreckig
> Ist alles, grob der Herrscher Trupp.
> Was du im Alter siehst, ist schrecklich,
> Gefangener F. Sologub.
>
> Doch freu dich: «Totenzauber» wehen,
> Und «Schwere Träume» werden wahr –
> Und, wie du es vorausgesehen,
> Ist Peredónov – Kommissar.

Nach Sologubs Tod im Jahr 1927 wurde es in Russland still um den symbolistischen Wortkünstler. Man legte seine Werke kaum mehr auf, seine Lyrik wurde als bourgeois und krankhaft diffamiert. Erst 1975 konnte eine zuverlässige und von Minna Dikman ausgewogen eingeleitete Ausgabe seiner Gedichte erscheinen; seit 1990 ist Sologub definitiv wieder in den Kanon der russischen Literaturgeschichte zurückgekehrt.

Ulrich Schmid

1 D.S. Mirsky: *A History of Russian Literature*. New York 1960, 441.

2 B. Lauer: *Das lyrische Frühwerk von Sologub. Weltgefühl, Motivik, Sprache und Versform*. Giessen 1986, 385-415. (Marburger Abhandlungen zur Geschichte und Kultur Osteuropas 24)

3 Ulrich Schmid: *Fedor Sologub. Werk und Kontext*. Bern 1995, 103 f.

4 Ebd., S. 324 ff.

5 Fedor Sologub: "Cikl *Iz Dnevnika*. (Neizdannye stichotvorenija)". In: *Ežegodnik rukopisnogo otdela Puškinskogo Doma na 1990 god*. St. Peterburg 1993, 109-159, 132.

6 Kornej Čukovskij: *Dnevnik 1901-1929*. Moskva 1991, 244.

7 Georgij Ivanov: *Memuary i rasskazy*. Moskva 1992, 56.

8 V.E. Bagno: "Fedor Sologub – perevodčik francuzskich simvolistov". In: Ju.D. Levin (Red.): *Na rubeže XIX i XX vekov. Iz istorii meždunarodnych svjazej russkoj literatury. Sbornik naučnych trudov*. Leningrad 1991, 129-214, 134 f.

9 Ebd., 150.

10 Fedor Sologub: *Fimiamy*. Peterburg 1921, 17.

11 Sofija Dubnova-Ėrlich: *Chleb i maca. Vospominanija. Stichi raznych let*. Sankt-Peterburg 1994, 151.

12 Ulrich Schmid: "A Symbolist under Soviet Rule: Sologub's Late Poetry". In: *Slavic and East European Journal* 43 (1999), 636-650.

Daten zu Leben und Werk

1863 Fedor Kuz'mič Teternikov wird in St. Petersburg als Sohn eines vormals leibeigenen Schneiders und einer Bäuerin geboren.

1882-1892 Nach der Ausbildung am Petersburger Lehrerseminar unterrichtet Teternikov an verschiedenen Gymnasien in der nordwestrussischen Provinz.

1892 Teternikov kehrt nach St. Petersburg zurück. Er knüpft Kontakt zu symbolistischen Literaten, v.a. zu Nikolaj Minskij, Zinaida Gippius und Dmitrij Merežkovskij.

1893 Das erstes Gedicht unter dem Pseudonym Sologub erscheint in der Zeitschrift *Der Bote des Nordens*.

1896 Sologub zieht mit verschiedenen Buchpublikationen die Aufmerksamkeit von Petersburger Literaten auf sich. In diesem Jahr erscheinen der Erzählband *Schatten*, ein erster Gedichtband sowie der Roman *Schwere Träume*.

1907 Mit dem Roman *Der kleine Dämon* gelingt Sologub der literarische Durchbruch. Der finanzielle Erfolg des Buchs erlaubt Sologub, nach fünfundzwanzig Jahren den Schuldienst aufzugeben und sich nur noch der Schriftstellerei zu widmen.

1908   Sologub heiratet die Kritikerin und Schriftstellerin Anastasja Čebotarevskaja, mit der er eine fast symbiotische Ehe führt. Von nun an führen die Sologubs einen literarischen Salon, der jeweils am Sonntag stattfindet.

1909-1912   Im *Šipovnik*-Verlag erscheint eine zwölfbändige Ausgabe von Sologubs Werken.

1910-1914   Das Ehepaar Sologub unternimmt ausgedehnte Reisen durch Westeuropa; im Jahr 1913 tritt Sologub mit seinem Vortrag «Die Kunst unserer Tage» in verschiedenen russischen Provinzstädten auf.

1914   Die von H.G. Wells inspirierte phantastische Romantrilogie *Eine Legende im Werden*, die Sologub als sein Hauptwerk betrachtete, erscheint in ihrer endgültigen Fassung. Unter dem ursprünglichen Titel *Totenzauber* war 1913 als einzige unzensierte Version des Werks die deutsche Übersetzung von Fega Frisch erschienen.

1914-1916   Sologub verfasst z.T. zusammen mit seiner Ehefrau patriotische Gedichte und antideutsche Dramen ohne künstlerischen Wert

1921   Das Ehepaar Sologub versucht nach einigen entbehrungsreichen Jahren unter dem bolschewistischen Regime nach Paris zu emigrieren. Am Vorabend der Ausreise stürzt sich die nervenkranken Anastasja Čebotarevskaja in einem Anfall in die Neva. Sologub verfällt nach dem Selbstmord seiner Frau in eine tiefe Depression und bleibt in Sowjetrussland.

1918-1927 In den zwanziger Jahren kann Sologub immer weniger publizieren. Während dieser Zeit hat er verschiedene Ämter in Schriftstellervereinigungen inne und versucht, die Literatur vor dem Zugriff der Politik zu bewahren.

1927 Sologub stirbt vereinsamt in Leningrad.

Zu Text, Auswahl und Übersetzung

Der russische Text der Gedichte folgt im wesentlichen dem von M.I. Dikman besorgten, mit kritischem Kommentar versehenen Auswahlband: Fedor Sologub, *Stichotvorenija*, Leningrad 1975. Die wenigen darin nicht enthaltenen Gedichte stammen aus folgenden Publikationen: Fedor Sologub, *Fimiamy*, Peterburg 1921, Fedor Sologub, *Odna ljubov'*, Petrograd 1921, Fedor Sologub, *Neizdannoe i nesobrannoe*, München 1989 und *Naše nasledie* 3 (1989).

Bei der Auswahl wurde Repräsentativität angestrebt. Besondere Berücksichtigung fanden Sologubs bedeutendste Gedichtsammlung *Plamennyj krug* (*Der flammende Kreis*, 1908) sowie die kaum je zur Kenntnis genommene späte Lyrik, hier vor allem der Band *Odna ljubov'* (*Die eine Liebe*, 1921) mit seinen neoklassischen, an den Jugendstil erinnernden Gedichten.

Der künstlerische Wert von Sologubs Lyrik ist stark schwankend, was sich in beschränktem Mass auch in dieser Auswahl widerspiegelt; oft aber sind die weniger wertvollen, meist «manieristischen» Gedichte für das Verständnis des Autors besonders interessant. Aufgenommen wurden auch einige Gedichte, die biographisch bedeutsam sind.

Eine Auswahl von vierzig Sologub-Gedichten hat der Übersetzer bereits 1983 im Selbstverlag veröffentlicht. Der kleine Band mit dem Titel *Der flammende Kreis* stellte bis heute den einzigen Versuch dar, Sologub dem deutschsprachigen Publikum zu erschliessen. Mit wenigen Ausnahmen wurden die darin enthaltenen Übersetzungen – meist in leicht überarbeiteter Version – in die vorliegende Ausgabe aufgenommen. Die restlichen Übersetzungen sind in den Jahren 1988 bis 1997 entstanden.

Einige Freiheiten in der Übersetzung sind darauf zurückzuführen, dass es dem Übersetzer in erster Linie darum ging, das unverkennbare Sologubsche Melos in seiner klassisch-dekadenten Klangfarbe beizubehalten, was ohne Verzicht auf die getreue Wiedergabe des Wortlauts oft nicht möglich war.

Verzeichnis der Gedichte

Russische Lyrik im Pano Verlag

Innokentij Annenskij: *Die schwarze Silhouette.* Gedichte Russisch-Deutsch. Deutsch von Adrian Wanner. 1998.

Valerij Brjussow: *Chefs d'œuvre. Gedichte aus neun Bänden.* Ausgewählt und übersetzt von Christoph Ferber. 1986.

Afanasij A. Fet: *Quasi una fantasia.* Gedichte Russisch-Deutsch. Deutsch von Christine Fischer. 1996.

Zinaida Hippius: *Frühe Gedichte.* Ausgewählt und übersetzt von Christoph Ferber. 1987.

Fedor I. Tjutčev: *Die letzte Liebe. Gedichte auf Leben und Tod von Elena A. Denis'eva.* Russisch-Deutsch. Deutsch von Christoph Ferber. 1993.

Vera Zubareva: *Traktat über Engel.* Russisch-Deutsch. Deutsch von Kirstin Breitenfellner. 2002.